Scheld

Anleitung zur Anfertigung von
Praktikums-, Seminar- und Diplomarbeiten
sowie Bachelor- und Masterarbeiten

W0228389

Anleitung zur Anfertigung von

Praktikums-, Seminar- und Diplomarbeiten

sowie Bachelor- und Masterarbeiten

7., aktualisierte Auflage

Dr. Guido A. Scheld

Professor für Betriebswirtschaftslehre
insbesondere Rechnungswesen
an der Fachhochschule Jena

Fachbibliothek Verlag • Büren

Bibliografische Information Der Deutschen Bibliothek

Die Deutsche Bibliothek verzeichnet diese Publikation in der Deutschen Nationalbibliografie; detaillierte bibliografische Daten sind im Internet über http://dnb.ddb.de abrufbar.

ISBN 978-3-932647-45-1
7., aktualisierte Auflage Januar 2008

© Gertrud Scheld Fachbibliothek Verlag
Silbeker Weg 33
D-33142 Büren
Tel.: 02951/93048
Fax: 02951/93047
E-Mail: verlag@fachbibliothek.de
www.fachbibliothek.de

Druck und Buchbinderei:
Janus Druck
Rudolf-Diesel-Straße 12
D-33178 Borchen

Vorwort zur 7. Auflage

Die ersten sechs Auflagen dieser Anleitung sind in den letzten Jahren von den Studierenden und Kollegen sehr positiv aufgenommen worden. Die nach wie vor große Nachfrage machte eine siebente Auflage erforderlich. Ferner habe ich die Möglichkeit der Neuauflage zur inhaltlichen Aktualisierung, zur Präzisierung und – wo notwendig – zur Ergänzung genutzt. Die bewährte Konzeption ist ansonsten beibehalten worden.

Den Vergleich zwischen alter und neuer Rechtschreibung im Anhang wollte ich eigentlich endgültig herausnehmen. Auf drängen einiger Studierender habe ich mich noch ein letztes Mal überreden lassen, diesen in der vorliegenden Auflage mit abzudrucken.

Ich bedanke mich bei allen, die mir wertvolle Anregungen gegeben und zu einem hoffentlich besseren Werk beigetragen haben. Mein besonderer Dank gilt meinem Kollegen Herrn Prof. Dr. Thomas Sauer, der mir mit seinen Erfahrungen und kritischen Anmerkungen tatkräftig zur Seite gestanden hat. Bei Frau Sandra Franke bedanke ich mich für die Erstellung des Stichwortverzeichnisses. Für kritische Hinweise und Verbesserungsvorschläge bin ich auch weiterhin dankbar.

Jena, Winter 2007/08   Guido Andreas Scheld

Vorwort zur 1. Auflage

Das Schreiben von Texten an sich fällt vielen Menschen schwer. Im besonderen Maße betrifft das die Abfassung wissenschaftlicher Texte. Hier ergeben sich zahlreiche Fragen hinsichtlich der Formvorschriften, des Aufbaus und der Strukturierung, der Zitierregeln und der Fußnotentechnik sowie der äußeren Gestaltung etc. Deren Beachtung ist wichtig, da sie in solchen Schriften eine besondere Funktion haben und den Lesern ihre Nutzung für weiterführende Arbeiten erleichtern sollen. Eine formal mangelhafte Arbeit verärgert zudem den Leser und führt nicht selten dazu, dass sich dieser nicht mehr weiter mit der Arbeit auseinandersetzt; und das ist das Schlimmste, das einem Autor widerfahren kann. Hinsichtlich der Benotung ist ferner Folgendes zu ergänzen: Eine formal ordentliche Arbeit garantiert noch keine exzellente Note, ist jedoch für eine solche unabdingbare Voraussetzung. Die äußere Form einer Arbeit und der Inhalt hängen also eng zusammen, sind aber doch zweierlei. Erst inhaltliche und formale Gesichtspunkte zusammen bestimmen das Gesamtbild der Arbeit und somit die Gesamtbeurteilung.

Ich habe diese Anleitung zur Anfertigung von Praktikums-, Seminar- und Diplomarbeiten erstellt, um eine *schnelle Hilfe* zum Erlernen der notwendigen Techniken anzubieten und den *Einstieg zu erleichtern*. Die Betonung liegt dabei auf "schnell" und
"Einstieg". Es wurde bewusst vermieden, das Heft zu einem umfangreichen Buch auszubauen und sämtliche erlaubte und in der praktischen Handhabung wiederzufindende
Varianten vorzustellen. Nicht vernachlässigt wurden Beispiele, die gerade für den Einsteiger eine besondere und wichtige Rolle spielen. Das vorliegende Heft stellt insofern
nur eine begrenzte Auswahl aller Möglichkeiten dar und behandelt nur die wesentlich-
sten Aspekte. Für weitergehende Fragen empfehle ich die Nutzung der im Literaturverzeichnis angegebenen Bücher und Aufsätze.

Ich wünsche meinen Lesern viel Erfolg und erinnere daran, dass die Anfertigung
derartiger Arbeiten nicht nur schwierig ist und eine Belastung darstellt, sondern auch
viel Befriedigung schaffen und Freude machen kann. Wie heißt es so schön: Ohne Fleiß
keinen Preis.

Mein besonderer Dank gilt meinem Kollegen Herrn Prof. Dr. Hans Klaus von der Fachhochschule Jena, der mich durch sein Interesse an meiner Arbeit häufig ermuntert und
durch seine Anregungen und berechtigten Kritiken unterstützt hat.

Jena, Frühjahr 1997   Guido Andreas Scheld

Inhaltsverzeichnis

Seite

Vorwort   V

1   Einführung   1

2   Schreibtechnische Anforderungen   3

3   Bestandteile von wissenschaftlichen Arbeiten   8

3.1   Titelblatt   8
3.2   Gliederung und Inhaltsverzeichnis   13
3.3   Abbildungs- und Tabellenverzeichnis   22
3.4   Abkürzungsverzeichnis   23
3.5   Symbolverzeichnis   27
3.6   Abstract   27
3.7   Ausführungsteil (Textteil)   32
       3.7.1 Inhalt und Aufbau des Ausführungsteils   32
       3.7.2 Themenstellung und -analyse   33
       3.7.3 Problemstellung   38
       3.7.4 Terminologische Abgrenzungen   39
       3.7.5 Inhaltliche Abgrenzungen   41
       3.7.6 Aufbau der Arbeit   42
       3.7.7 Inhaltlich-materielle Regeln und Empfehlungen   42
       3.7.8 Formale Regeln und Empfehlungen   48
3.8   Fußnotentechnik   60
3.9   Anhang   79
3.10   Literaturverzeichnis   80
3.11   Ehrenwörtliche Erklärung   91
3.12   Publizitätssperre   92

4   Ratschläge zur Themenwahl   93

  Seite

5   Hinweise zur Materialsammlung   95

6   Hinweise zur Zeiteinteilung   101

7   Anmerkungen zur Bewertung   103

Anhang: Alte versus neue Rechtschreibung   107

Literaturverzeichnis   115

Stichwortverzeichnis   119

1   Einführung

Das Anfertigen einer wissenschaftlichen Arbeit mit einer selbstgewählten oder vorgegebenen Themenstellung gehört zu den Pflichtübungen eines jeden Studenten. Im Laufe
des Studiums schreibt ein Student im Allgemeinen nicht nur eine, sondern mehrere wissenschaftliche Arbeiten, die sich jedoch durch das Anspruchsniveau erheblich unterscheiden. Den Höhepunkt des wissenschaftlichen Arbeitens bilden – je nach Studiengang – die **Bachelor-, Master- oder Diplomarbeit**, mit denen das Studium üblicherweise abschließt. Diesen Abschlussarbeiten vorangestellt sind je nach Prüfungsordnung
verschriftlichte **Referate**, fachpraktische **Studienarbeiten, Praktikums-, Haus- und/
oder Seminararbeiten.**

Bezüglich der Strenge der Anwendung der Regeln, Hinweise und Empfehlungen muss
festgehalten werden, dass diese in erster Linie für das Anfertigen von Bachelor-, Mas-
ter- und Diplomarbeiten entwickelt wurden. Dennoch wäre es sicherlich wünschenswert, wenn auch Seminar- und Praktikumsarbeiten gewissen Minimalanforderungen
entsprechen würden. Dabei werden an fachpraktische Hausarbeiten weniger strenge Anforderungen gestellt als an wissenschaftliche Seminararbeiten. Letztere dienen zudem
als intensive Vorbereitung auf die Abschlussarbeitsphase und sollten als Übungsmög-
lichkeit verstanden und genutzt werden. Zahlreiche Vorschriften haben ohnehin nur Anwendung für Abschlussarbeiten, z.B. die so genannte "Ehrenwörtliche Erklärung". In
derartigen Fällen wird in den Ausführungen an entsprechender Stelle explizit darauf
hingewiesen.

Hauptanliegen der auf den folgenden Seiten festgehaltenen Regeln, Hinweise und Empfehlungen ist es, eine Anleitung zur Anfertigung von wissenschaftlichen Arbeiten, die
allesamt unter die drei Begriffe Praktikums-, Seminar- und Abschlussarbeiten subsumiert werden sollen, zu geben. Ziel ist es zudem, den **grundsätzlichen Aufbau** und
die **Strukturierung** der wissenschaftlichen Arbeiten etwas zu vereinheitlichen und die
Arbeiten untereinander vergleichbarer zu machen. Letzteres wird insbesondere durch
die **schreibtechnischen Vorschriften** erreicht, die gleich am Anfang vorgestellt werden.

Die vorliegende Anleitung zur Anfertigung von wissenschaftlichen Arbeiten ist auf
wirtschaftswissenschaftliche Themenstellungen ausgerichtet. Sie bietet jedoch auch
grundsätzliche Hinweise, die als generelle Hilfe beim Verfassen wissenschaftlicher Arbeiten herangezogen werden können. Zudem ist zu berücksichtigen, dass es in den
meisten Fachbereichen und Instituten genaue Gestaltungsvorgaben für das Anfertigen

schriftlicher Arbeiten gibt, die selbstverständlich uneingeschränkt beachtet werden müssen.

Schon im Vorwort wurde darauf hingewiesen, dass im vorliegenden Heft nicht alle denkbaren Varianten der formalen Gestaltung vorgestellt werden können und die abgedruckten Beispiele nur eine kleine Auswahl darstellen. Es existieren nämlich nicht nur Unterschiede zwischen verschiedenen Fachdisziplinen, wie beispielsweise zwischen ingenieurwissenschaftlichen und betriebswirtschaftlichen Arbeiten, sondern auch innerhalb eines Fachgebietes. Besonders deutlich wird letzteres, wenn man sich die verschiedenen Fachzeitschriften respektive Publikationen der Wirtschaftswissenschaften zur Hand nimmt. Eine allgemein gültige Anleitung zum Abfassen von wissenschaftlichen Arbeiten sucht man also vergeblich. Nicht selten ist während des Schreibens ein Abwägen erforderlich, das umso einfacher fällt, je mehr Erfahrung und Übung der Autor mitbringt. Wichtig ist meines Erachtens letztendlich nicht, welcher Gestaltungsvariante der Verfasser einer wissenschaftlichen Arbeit folgt, sondern, dass er die **einmal gewählte Konvention konsequent beibehält**. Zu beachten sind aber auf jeden Fall – wie oben bereits erwähnt – die verbindlichen Vorgaben des Fachbereiches bzw. des Instituts, sofern solche existieren.

Die Fähigkeit wissenschaftliche Arbeiten schreiben zu können, bekommt man nicht einfach in die Wiege gelegt. Nicht die Gene sondern die Erfahrung spielt hier eine gewichtige Rolle. Erfahrung eignet man sich bekanntlich durch **Übung** an. Schreiben übt man am besten durch Schreiben. Deshalb kann man jedem Studierenden nur empfehlen, von den ersten Semestern an möglichst viele Gelegenheiten zum wissenschaftlichen Schreiben zu nutzen. Mit dem Schreiben ist es wie mit dem Reden vor Publikum. Die Übung nimmt die Angst und macht bekanntlich den Meister.

Zum Schluss noch eine notwendige Entschuldigung: Die Leserinnen dieses Heftes mögen mir verzeihen, dass ich die weibliche Schreibform herausgenommen habe. Es hat sich als erheblich einfacher erwiesen, nur die männliche Form zu erwähnen, anstatt das inzwischen oft gebrauchte, aber doch recht mühsam zu lesende AutorIn, StudentIn oder DiplomandIn etc. Die Verwendung der männlichen Ausdrucksweise ist im Folgenden lediglich als Kurzform für die beiden Geschlechter zu verstehen.

2 Schreibtechnische Anforderungen

Wissenschaftliche Arbeiten sollten immer in einer **maschinenschriftlichen** Fassung abgegeben werden. Die Abgabe **gebundener oder geringter** Exemplare ist zwar laut Prüfungsordnungen nicht immer zwingend, jedoch bei Bachelor- Master- und Diplomarbeiten wünschenswert, sieht zudem auch besser aus als eine geheftete Lose-Blattsammlung.

Zwar wird kaum ein Student auf die Idee kommen, seine wissenschaftliche Arbeit auf Latein zu verfassen. Dennoch soll gleich zu Anfang betont werden, dass nahezu alle Arbeiten in **deutscher Sprache** einzureichen sind. Gelegentlich werden auch Abschlussarbeiten ausschließlich in Englisch oder in einer anderen Sprache zugelassen. Eine eindrucksvolle Ausnahme bildete eine Diplomarbeit einer chinesischen Austauschstudentin, die ich an der Fachhochschule Jena, Fachbereich Betriebswirtschaft betreut habe. Die Studentin konzipierte eine Produktkalkulation für ein chinesisches Unternehmen der Maschinenbaubranche vor Ort in Shanghai. Der Turbinenhersteller wiederum war Tochtergesellschaft einer US-amerikanischen Mutterunternehmung. Konsequenz war, dass die Abschlussarbeit in drei Sprachen angefertigt werden musste: in Chinesisch für den betroffenen Maschinenbauer, in Englisch für die US-Mutterunternehmung und in Deutsch für unsere FH. Fazit: Wer mehrere Sprachen beherrscht ist klar im Vorteil.

Der Studierende sollte sich vor Abgabe der Arbeit erkundigen, ob vom betreuenden Dozenten zusätzlich eine Kopie der schriftlichen Prüfungsleistung auf **Diskette** oder **CD-ROM** inklusive Style Sheet (Druckformatvorlage) gewünscht wird. Dieses ist bei Bachelor-, Master- und Diplomarbeiten nicht mehr unüblich.

Hinsichtlich des äußeren Erscheinungsbildes sind nachstehende **Formalia** wünschenswert. Es handelt sich dabei um Regeln, die im Schwerpunkt Rechnungswesen/Controlling am Fachbereich Betriebswirtschaft an der Fachhochschule Jena zwingend vorgeschrieben sind und sich als zweckmäßig erwiesen haben. Je nach Dozent kann es allerdings zu mehr oder weniger umfangreichen Abweichungen kommen. Der Student sollte sich daher frühzeitig bei seinem gewählten Betreuer erkundigen.

Satzspiegel: Der Satzspiegel ist die bedruckte Fläche einer Seite. Er bestimmt somit die Ränder der Arbeit. Üblich sind folgende Rändermaße:

oben: 3 cm (Lediglich die Seitennummerierung liegt darüber.)
unten: 3 cm (Auch Fußnoten haben hier nichts mehr zu suchen!)
rechts: 3 cm
links: 3 cm

Beschriftung: Einseitig auf weißem DIN A4-Blatt. Benutzer von Umweltschutzpapier haben keine Nachteile.

Zeilenabstand: Für den Textteil gilt ein Zeilenabstand von 1,5. Bei den Fußnoten wird allerdings ein einzeiliger Abstand empfohlen. In Ausnahmefällen können Abschnitte, die nicht wesentlich für den Inhalt der Arbeit sind, jedoch zu gewichtig sind, um als Fußnote zu erscheinen, einzeilig geschrieben werden. Der Absatz ist dann etwas einzurücken. Zusätzlich kann zur Kenntlichmachung der Schriftgrad etwas kleiner gewählt werden oder die Schrifttype verändert werden.

Absätze: Absätze sind unbedingt notwendig und erleichtern das Lesen. Sie sollten aber zweckmäßig eingesetzt werden. Nach jedem Satz einen Absatz einzufügen ist sicherlich unsinnig. Grundsätzlich gilt ein doppelter Zeilenabstand. Zusätzlich darf die erste Zeile eines jeden Absatzes um ca. 1 cm nach rechts eingerückt werden.

Ausrichtung: Blocksatz oder linksbündig, je nach Geschmack des Autors. Bevorzugt wird meist der Blocksatz, weil eine einheitliche Ausrichtung der Zeilen auch zum rechten Rand hin das Lesen angenehmer macht. Silbentrennung nicht vergessen! Sonst entstehen unästhetische Textlücken.

Paginierung: Die Paginierung beginnt nach dem Titelblatt. Die Seiten sind fortlaufend zu nummerieren. Die Zahlen stehen entweder rechts oben und bündig mit Textrand oder alternativ mittig. Es sollten für den Textteil ausschließlich arabische Ziffern verwendet werden. Die Verzeichnisse vor dem Textteil, wie Inhalts- oder Abbildungsverzeichnis, sollten römisch nummeriert werden.

Ist der Originalausdruck erfolgt und wird festgestellt, dass eine Seite vergessen wurde, dann ist diese fehlende Seite nachträglich in die Lücke im Textteil einzufügen. Wenn eine Änderung der Seitennummerierung nicht mehr möglich ist, darf ausnahmsweise die Seitenzählung der eingefügten Seiten mit Kleinbuchstaben erfolgen, also z.B. 22, 22a, 22b usw. Das Inhaltsverzeichnis muss jedoch in jedem Fall um diese Seiten ergänzt werden, sofern dies erforderlich wird. Besser ist allerdings ein neuer Ausdruck.

**Seiten-
umbruch:** Beim Seitenumbruch ist zu beachten, dass eine Seite nicht mit einer Überschrift und nur einer Textzeile abgeschlossen wird. Wenn von einem neuen Absatz nur eine Zeile auf die alte Seite passt, muss der Seitenumbruch vor den Absatz gesetzt werden. Analog dazu sollte eine neue Seite nicht mit einer einzigen Textzeile beginnen.

Schrift: Die gewählte Schrifttype sollte ein leicht lesbares Schriftbild ergeben. Zu empfehlen sind bei MS WORD-Textverarbeitung proportionale Schriften wie TIMES NEW ROMAN, HELVETICA oder ähnliche Schrifttypen mit Schriftgrad 12. Das entspricht der in dieser Anleitung verwendeten Schrifttype und Schriftgröße (projiziert auf DIN A4). Bei Verwendung anderer Textverarbeitungssysteme müssen entsprechende Anpassungen erfolgen. Keinesfalls dürfen für den Textteil der Arbeit kleinere Schriften verwendet werden. Lediglich bei den Fußnoten sind kleinere Schriften wie Schriftgrad 9 oder 10 erwünscht. Auch größere Schriften im Hauptteil erschweren die Vergleichbarkeit der Arbeiten untereinander. Der Vorteil einer Proportionalschrift liegt darin, dass die Abstände zwischen den Buchstaben verringert sind. Dadurch erreicht man eine bessere Lesbarkeit und kann außerdem mehr Text auf einer Seite unterbringen. Auf alle Fälle verbietet sich der Einsatz exotischer Schrifttypen. Auch viele unterschiedliche Schrifttypen und -größen in einer Arbeit sind unangebracht. Man sollte hier bescheiden sein und nicht versuchen, die Möglichkeiten seiner Software und seines Druckers auszuschöpfen.

Umfang: Für gewöhnlich ist die Seitenzahl von wissenschaftlichen Arbeiten nach unten und oben begrenzt. Das Seitenlimit ist peinlich genau einzuhalten. Es darf nur mit ausdrücklicher Zustimmung des betreuenden Dozenten überschritten werden. Üblich sind folgende Grenzen:

Masterarbeit (allein verfasst) 40-60 Seiten
Masterarbeit (zu zweit verfasst) 80-120 Seiten
Diplomarbeit (allein verfasst) 40-60 Seiten
Diplomarbeit (zu zweit verfasst) 80-120 Seiten
Bachelorarbeit (allein verfasst) 30-50 Seiten
Bachelorarbeit (zu zweit verfasst) 60-100 Seiten
Seminararbeit (allein verfasst) maximal 20 Seiten
Seminararbeit (zu zweit verfasst) maximal 40 Seiten
Praktikumsarbeit 10-12 Seiten

Die Seitenzahlen gelten jeweils für den reinen Text ohne Titelei, Anhang und Verzeichnisse.

Es empfiehlt sich, sich frühzeitig über die speziellen Usancen des Fachbereiches respektive des Schwerpunktes zu informieren, um nachträglich Umformatierungsarbeiten, Ergänzungen sowie Textumstellungen und -kürzungen zu vermeiden.

<u>Beispielseite für Textteil und Ränder</u>

Die Verfasser von Praktikums-, Seminar- und Abschlussarbeiten sollten diese formalen Anforderungen unbedingt beachten, da nur so eine **Vergleichbarkeit der Arbeiten** – auch hinsichtlich der **Bewertung** – gewährleistet ist.

3   Bestandteile von wissenschaftlichen Arbeiten

Eine wissenschaftliche Arbeit, insbesondere Bachelor-, Master- und Diplomarbeit,
sollte immer aus folgenden Elementen bestehen:

☞   Titelblatt;
☞   Inhaltsverzeichnis;
☞   evtl. Abbildungs- und/oder Tabellenverzeichnis;
☞   Abkürzungsverzeichnis, evtl. gesondertes Zeitschriftenverzeichnis;
☞   ggf. Symbolverzeichnis;
☞   Abstract (je nach Forderung des Gutachters);
☞   Ausführungsteil der Arbeit (Hauptteil);
☞   evtl. Anhangverzeichnis und Anhang;
☞   Literaturverzeichnis;
☞   Ehrenwörtliche Erklärung (nur bei Abschlussarbeiten);
☞   evtl. Publizitätssperre (nur bei Abschlussarbeiten).

Vorworte und **Nachworte** sind für Praktikums-, Seminar-, Bachelor-, Master- und Diplomarbeiten eher unüblich und sollten daher herausgelassen werden. Diese finden sich
eher bei umfangreicheren wissenschaftlichen Arbeiten wie Dissertationen oder Habilitationen.

Die aufgezählten Elemente sollen im Folgenden einer genaueren Betrachtung unterzo-
gen werden.

3.1   Titelblatt

Das Titelblatt sollte übersichtlich gegliedert die folgenden Angaben enthalten:

• Universität/Fachhochschule, Fachbereich und Schwerpunkt;
• Generalthema bzw. Name des Seminars (sofern extra ausgewiesen);
• Art und Thema der Arbeit;
• Prüfungszeitraum oder Semesterangabe (der Prüfungszeitraum für die schriftliche
  Ausarbeitung beträgt bei Master- und Diplomarbeiten zwischen 3 und 6 Monaten,
  bei Bachelorarbeiten zwischen 4 und 10 Wochen);
• Namensangabe(n) des oder der Betreuer(s);

- Name und Anschrift des Verfassers, wenn vorhanden Telefonnummer und E-Mail;
- Matrikel-Nummer des Bearbeiters (auf die Angabe kann bei Abschlussarbeiten verzichtet werden, wenn keine Publizitätssperre besteht).

Üblicherweise erhält das Titelblatt keine Seitenangabe, wird aber bei der römischen Seitenzählung mitgezählt, so dass das folgende Inhaltsverzeichnis mit der römischen Ziffer II beginnt.

Weil die Gestaltung des Titelblattes verbal so schwer zu erklären ist wie die Abseitsregel beim Fußball, sollen an dieser Stelle (siehe nächste Seite) drei praktische Beispiele angefügt werden.

Der Verfasser sollte streng darauf achten, dass der vom Dozenten vorgegebene **Titel richtig abgeschrieben wird**. Die Erfahrung zeigt, dass bereits einigen Studenten an dieser Stelle Flüchtigkeitsfehler unterlaufen, die verheerende Wirkung haben können.

Nicht erlaubt ist es, das **Thema der Arbeit** nach eigenem Ermessen und Befinden zu **verändern**. So hatte eine Studentin beispielsweise aus dem ursprünglich gestellten Thema "Methoden der Kapitalkonsolidierung im mehrstufigen Konzern" das Thema "Kapitalkonsolidierung bei gegenseitigen Unternehmensverbindungen" gemacht. So etwas ist natürlich streng verboten! Selbst eine nicht abgesprochene geringfügige Abwandlung des oben genannten Themas zum Beispiel in "Kapitalkonsolidierung im mehrstufigen Konzern" ist nicht gestattet. Auch hier ergeben sich Sinnunterschiede.

In der folgenden Tabelle sind weitere solcher Flüchtigkeitsfehler respektive Titeländerungen mit mehr oder weniger gravierenden Auswirkungen aufgelistet:

vom Dozenten gestelltes Thema	vom Studenten bearbeitetes Thema
Vorgehensweise und Methoden der Konzernabschlussanalyse	Vorgehensweise und Methoden bei der Konzernabschlussanalyse
Jahresabschlussanalyse anhand der DATEV-Auswertungen	Bilanzanalyse anhand der DATEV-Auswertungen
...	...

Beispiel:

Fachhochschule Jena

Fachbereich Betriebswirtschaft

Schwerpunkt Rechnungswesen/Controlling

Seminararbeit zum Thema:

Darstellung und Beurteilung der Währungsumrechnung im Konzern

– unter besonderer Berücksichtigung der funktionalen Umrechnungsmethode –

Sommersemester 2008

vorgelegt bei

Prof. Dr. Karlheinz Streng

von

Peter Fleißig
Kluger Weg 7
07749 Jena
Tel.: 03641/11111
peter.fleissig@web.de
Matr.-Nr.: 97108498

Beispiel:

Fachhochschule Jena

Fachbereich Betriebswirtschaft

Schwerpunkt Rechnungswesen/Controlling

Diplomarbeit zum Thema:

Besonderheiten der Konzernrechnungslegung
für kleine und mittlere Mutterunternehmen

**– unter besonderer Berücksichtigung des Standardentwurfs für die
Rechnungslegung nicht kapitalmarktorientierter Unternehmen nach IFRS –**

1. Juni - 31. August 2008

vorgelegt bei

Prof. Dr. Franz Schlau

von

Jana Fleißig
Albert Einstein Str. 13
07749 Jena
Tel.: 03641/22222
jana.fleissig@web.de
Matr.-Nr.: 97108499

Beispiel:

Fachhochschule Jena

Fachbereich Betriebswirtschaft

Schwerpunkt Rechnungswesen/Controlling

Masterarbeit zum Thema:

Umstellung der Konzernrechnungslegung
von US-GAAP auf IAS/IFRS

**– dargestellt am Beispiel eines deutschen kapitalmarktorientierten
Mutterunternehmens der Technologiebranche –**

1. Juli - 31. Oktober 2007

vorgelegt bei

Prof. Dr. Jutta Nett

von

Anja Klug
Carl-Zeiss-Str. 99
07749 Jena
Tel.: 03641/33333
anja.klug@t-online.de
Matr.-Nr.: 97108500

Der Diplomand sollte es also auf alle Fälle **unterlassen, den Titel eigenmächtig abzuwandeln**, auch wenn man glaubt, dass die eigene Version sinnvoller ist. Jede Änderung muss mit dem Dozenten und gegebenenfalls mit dem Prüfungsamt abgesprochen werden, auch wenn diese noch so klein ist. Gleiches gilt für Seminar- und Praktikumsarbeiten. Allerdings ist bei diesen eine Änderungsmeldung beim Prüfungsamt im Allgemeinen nicht notwendig.

3.2 Gliederung und Inhaltsverzeichnis

Die sich im Inhaltsverzeichnis dokumentierte Gliederung stellt für den Leser der Arbeit ein sehr wichtiges und wesentliches Element dar, denn durch die einzelnen Gliederungspunkte wird für ihn das Thema der Arbeit konkretisiert. Er erhält einen ersten Eindruck von dem Konzept, dem der Verfasser folgt. Man kann die Gliederung ohne Übertreibung auch als **„Visitenkarte" der Arbeit** bezeichnen.

Die Erstellung einer aussagefähigen Gliederung ist ein **dynamischer Prozess**. Das heißt, nach der ersten Materialbeschaffung, -sichtung und -selektion wird in der Regel eine Grobgliederung (*Arbeitsgliederung*) aufgestellt. Diese wird jedoch im Verlauf weiterer Literaturrecherchen und Erkenntnisse neu überarbeitet und erweitert, dann verworfen oder zusammengestrichen, wieder ergänzt, umformuliert und verfeinert usw., bis ein befriedigendes Ergebnis zustande kommt. Die angedachte bzw. vorerst fertige Gliederung sollte mit dem Betreuer unbedingt abgestimmt werden, bevor detailliert mit dem Hauptteil der Arbeit begonnen wird. Die endgültige Gliederung wird – so die Erfahrung – erst mit der Fertigstellung des gesamten Manuskriptes vorliegen. Doch bis dahin ist es meist ein weiter und mit Irrwegen belasteter Weg. Zugegeben, die Erstellung einer stringenten und nachvollziehbaren Gliederung ist ein mühseliger Prozess, ab zum Erfolg gibt es leider keinen Lift, man muss die Treppe benutzen.

Hinsichtlich der Bewertung liefert das Inhaltsverzeichnis einen ersten Eindruck von der folgerichtigen und systematischen Strukturierung und Logik der Gedankenfolge. Überschriften dürfen daher nicht so abstrakt oder allgemeingültig formuliert sein, dass sie auf jedes betriebswirtschaftliche Thema anwendbar sind. Der Leser muss sich ein Bild darüber verschaffen können, **wie** das spezielle Praktikums-, Seminar-, Bachelor-, Master- oder Diplomarbeitsthema bearbeitet worden ist und **welche** logische Struktur in der Arbeit verfolgt wird. Deswegen sind einzelne Schlagworte als Überschriften in der Regel ungeeignet. Vielmehr sollten die Überschriften und auch die Unterpunkte der einzelnen Kapitel bereits Aussagen enthalten.

> Zwischen Güte bzw. Aussagefähigkeit der Gliederung und der Note der wissenschaftlichen Arbeit besteht häufig ein unmittelbarer Zusammenhang. Eine gut durchdachte Gliederung garantiert zwar noch keine "super" Note, ist jedoch für eine solche unverzichtbar.

Alle Überschriften sollten also **klar und prägnant formuliert** sein. Leerformeln wie "Allgemeines", "Allgemeine Überlegungen" bzw. "Grundzüge" oder „Grundlagen" sind sparsam anzuwenden oder ganz zu vermeiden. Mit der Überschrift ist der Inhalt des nachfolgenden Abschnitts mit zentralen Wörtern oder Aussagen anzusprechen. Allerdings sind ganze Sätze als Überschrift ungeeignet, auch die Verwendung von Verben ist nicht gebräuchlich. Üblich ist die substantivierte Ausdrucksweise. Als Vorwarnung folgender Hinweis: Das Finden einer geeigneten Überschrift ist schwieriger als man denkt!

Beispiele   für kurze, brauchbare und allgemein übliche Standard-Überschriften sind:

- Abstract
- Einleitung
- Einführung
- Problemstellung
- Stand der bisherigen Forschung
- Abgrenzung der Themenstellung
- Inhaltliche Abgrenzung
- Forschungsanliegen der Arbeit
- Ziele der Arbeit
- Abgrenzung zentraler Begriffe
- Terminologische Abgrenzung
- Aufbau und Methodik der Arbeit
- Methodischer Aufbau und Vorgehensweise
- Gang der Untersuchung
- Konzeption der Problembearbeitung
- Problemstellung und Gang der Untersuchung
- Vorstellung des Unternehmens
- Zusammenfassung der Ergebnisse
- Kritische Würdigung

- Ausblick
- Fazit der Arbeit

Alliteration ist die Aneinanderreihung bedeutungsähnlicher Worte mit gleichem Anfangsbuchstaben. Das wirkt schwungvoll, ist einprägsam und gibt einen tollen Gliederungspunkt ab, aber ist ein Stilmittel des Journalismus und daher in wissenschaftlichen Arbeiten verpönt. Alliterationen kommen auch in der Umgangssprache vor (z.B. „Titel, Thesen, Temperamente", „Kind und Kegel" oder „Nacht und Nebel") und haben ebenfalls nichts in wissenschaftlichen Werken verloren.

Zu beachten sind zusätzlich die folgenden grundsätzlichen Fehlerquellen:

Neuer Themenbereich bedeutet neuer Gliederungspunkt! Gleichwertige Aussagen stehen auf der gleichen Gliederungsebene, gehorchen also einem nachvollziehbaren **Gliederungskriterium**. Eine Vermischung von Gliederungskriterien für eine einzelne Untergliederung darf nicht stattfinden. Die jeweiligen Unterpunkte müssen folgerichtig subsumiert werden. Wird dies nicht beachtet, deutet das oft auf einen wirren Gedankengang hin.

Beispiel für eine falsche Zuordnung von Ober- und Unterpunkten:

```
...


4     Kalkulatorische Abschreibungen

5     Kalkulatorische Kosten
      5.1   Kalkulatorische Zinsen
      5.2   Kalkulatorische Wagnisse
      5.3   Kalkulatorische Mieten
      5.4   Kalkulatorischer Unternehmerlohn


...
```

Beispiel für eine logische Struktur einer Gliederung zur Bilanzanalyse:

Abstract

1   Einleitung
     eventuell, bei umfangreicheren Arbeiten, noch
     weitere Untergliederung in:
     1.1   Problemstellung
     1.2   Terminologische Abgrenzung
     1.3   Inhaltliche Abgrenzungsfragen
     1.4   Aufbau und Methode der Arbeit

2   Methodisch-systematischer Ablauf und Aufbau der Bilanzanalyse
     2.1   Phasenschema zur Bilanzanalyse
     2.2   Struktur der Partialanalyse

3   Erfolgswirtschaftliche Bilanzanalyse
     3.1   Analyse der Erfolgserzielung
     3.2   Analyse der Erfolgsverwendung

4   Finanzwirtschaftliche Bilanzanalyse
     4.1   Vermögensstrukturanalyse
     4.2   Kapitalstrukturanalyse
     4.3   Deckungsstrukturanalyse

5   Zusammenfassung der Ergebnisse und kritische Würdigung

Auf weitere Gliederungsebenen wurde aus Gründen der
Übersichtlichkeit verzichtet.

Die **Proportionen der Gliederung** müssen passen. Umfang und Tiefe der Gliederung sind dem Thema entsprechend zu gestalten. Eine "Klumpenbildung" sollte vermieden werden, allerdings ist dieses themenspezifisch gelegentlich nicht anders möglich.

Bezüglich der **Gliederungstiefe** sollte darauf geachtet werden, dass zu jedem Unterpunkt in angemessenem Umfang Text steht und die wissenschaftliche Arbeit nicht eher den Charakter einer Aneinanderreihung von Gliederungspunkten hat. Bänsch schlägt vor, dass eine halbe Textseite nicht unterschritten und zwei Seiten je Gliederungspunkt nicht überschritten werden sollten (vgl. Bänsch, A. (1998), S. 13).

Ein häufiger Fehler besteht darin, dass das **Thema der Arbeit in einem Unterpunkt wiederholt** wird. Das ist grundsätzlich unzulässig! Mit Recht fragt sich der Leser dann, welche Bedeutung die anderen Gliederungspunkte haben, wenn das Thema der Arbeit bereits in diesem einen Unterpunkt komplett bearbeitet wird. Das Gleiche gilt für das Verhältnis von Haupt- und Unterüberschriften. Grundsätzlich sollte also eine Doppelbelegung von Überschriften vermieden werden.

Untergliederungen sind nur bei mehreren Unterpunkten sinnvoll. Wer "A" sagt, muss auch "B" sagen. Wenn es also beispielsweise unter dem Hauptgliederungspunkt 2 einen Untergliederungspunkt 2.1 gibt, muss notwendigerweise auch ein Punkt 2.2 bzw. müssen weitere Unterpunkte folgen. Leider wird dieser Grundsatz sogar in Fachbüchern gelegentlich missachtet, wie folgendes Beispiel aus einem Lehrbuch zur Buchführung zeigt:

```
...

14    Anhang
      14.1 Lösungen der Übungsaufgaben
      14.2 Prüfungssätze
            14.2.1    Offene Aufgabenstellung
                      14.2.1.1   Lösungen
            14.2.2    Programmierte Prüfung
                      14.2.2.1   Lösungen
            14.2.3    Buchungen in Memorialform
                      14.2.3.1   Lösungen
```

Gliederungspunkte im Inhaltsverzeichnis müssen exakt als **Überschrift in den Textteil übernommen** werden, vice versa. Abweichungen resultieren im Allgemeinen daraus, dass die Überschrift im Textteil modifiziert, die dadurch notwendige Anpassung der

Gliederung aber vergessen wurde. Zum Abschluss der Arbeit, wenn beispielsweise die Seitenzahlen in das Inhaltsverzeichnis eingetragen werden, sollte spätestens eine Abgleichung stattfinden.

Am Ende der Überschriften werden **keine Satzzeichen** gesetzt. Jedoch kann hinter die Ziffern bzw. Buchstaben, die dem Wortlaut der Überschriften vorangehen, jeweils ein Punkt gesetzt werden, muss aber nicht. Die Ausübung muss je nach Entscheidung allerdings einheitlich für den gesamten Text erfolgen. Es sei erwähnt, dass die Mehrzahl der Autoren hier keinen Punkt setzt.

Das angewandte Gliederungssystem – auch als Gliederungsordnung bezeichnet – muss logisch aufgebaut sein. Es empfiehlt sich das **dezimale, abgestufte System** anzuwenden. In der Literatur wird diese Gliederungsordnung auch als nummerische oder dekadische Klassifikation bezeichnet. Folgt man dieser Gliederungsordnung müssen zwischen den Ziffern Punkte gesetzt werden, jedoch nicht nach der letzten Ziffer.

Beispiel: Dezimales, abgestuftes Gliederungssystem

Inhaltsverzeichnis		Seite
Abbildungsverzeichnis		I
Abkürzungsverzeichnis		II
Abstract		1
1	"Hauptüberschrift"	3
	1.1	3
	1.2	6
	1.2.1	6
	1.2.2	10
2		15
	2.1	15
	2.1.1	15
	2.1.2	20
	2.2	25

3	27
Anhang	30
Literaturverzeichnis	35

Auch **andere Gliederungssystematiken sind zulässig** (z.B. nach Buchstaben, römischen und arabischen Ziffern).

<u>Beispiel:</u> Alpha-nummerisches Gliederungssystem

<u>Inhaltsverzeichnis</u>

		Seite
Abbildungsverzeichnis		I
Abkürzungsverzeichnis		II
Abstract		1
A.	"Hauptüberschrift"	3
I.		3
II.		6
1.		6
2.		10
a)		10
b)		12
B.		15
I.		15
1.		15
2.		20
II.		25
Anhang		30
Literaturverzeichnis		35

Wenn eine andere Systematik als das hier empfohlene dezimale Gliederungssystem gewählt wird, muss ebenfalls auf eindeutige Bezeichnungen und eine konsequent angewandte Logik geachtet werden.

Die dezimale Vorgehensweise erlaubt theoretisch eine unbegrenzte Untergliederung. Da aber **tiefere Untergliederungen die Übersicht erschweren** ("Zahlenfriedhof") und auch nicht immer sinnvoll sind, ist es zweckmäßiger, im weiteren Verlauf mit Spiegelstrichen, Aufzählungen, z.B. (1), (2), (3)..., oder sonstigen **Orientierungsmarken** zu arbeiten. Denn nicht jeder Aspekt braucht eine Überschrift. Häufig reicht es aus, mit optischen bzw. drucktechnischen Mitteln wie Absätze, Einzüge oder Schriftmischungen zu arbeiten. Dadurch soll erreicht werden, dass unter den gewählten Überschriften auch hinreichend erläutert und argumentiert werden kann, die einzelnen Kapitel und Unterkapitel nicht zu kurz werden und die Arbeit nicht nur aus einer Ansammlung von Überschriften mit kurzen Hinweisen besteht.

Eine bei Studierenden beliebte, in wissenschaftlichen Arbeiten aber nicht gern gesehene Scheinlösung sind sog. **Pseudo-Überschriften**. Dabei handelt es sich um „normale" Textüberschriften, die aber keinen eigenen Gliederungspunkt erhalten und damit nicht im Inhaltsverzeichnis auftauchen. Von der Nutzung derartiger Zwischenlösungen sollte möglichst Abstand genommen werden.

Beispiel: Pseudo-Überschriften aus einer Diplomarbeit

3.1 Charakteristika der Erstkonsolidierung

Als Erstkonsolidierung wird der Vorgang bezeichnet, bei dem erstmalig, also anlässlich der ersten Einbeziehung eines Tochterunternehmens in den Konzernabschluss, die erworbenen Anteile an diesem Tochterunternehmen gegen das anteilige Eigenkapital aufgerechnet werden. ...

Erstkonsolidierung nach der Buchwertmethode
Nach der Buchwertmethode wird im ersten Schritt eine Verrechnung des Beteiligungsbuchwertes des Mutterunternehmens mit dem anteiligen konsolidierungspflichtigen Eigenkapital des Tochterunternehmens vorgenommen. ...

> **Erstkonsolidierung nach der Neubewertungsmethode**
> Bei der Neubewertungsmethode wird im ersten Schritt eine Neubewertung der Vermögenswerte und Schulden des Tochterunternehmens vorgenommen. ...

Bei umfangreicheren Abschlussarbeiten kann, insbesondere wenn mehrere Verfasser mit der Anfertigung beschäftigt sind, zusätzlich noch in "**Teile**", "**Kapitel**" oder "**Abschnitte**" unterteilt werden, die dem obigen Gliederungssystem vorangehen. Allerdings ist auch in diesem Fall streng darauf zu achten, dass die Gliederungspunkte in sich homogen sind und ein Unterkapitel bzw. -abschnitt tatsächlich unter den Hauptpunkt zu subsumieren ist.

Beispiel: Einteilung der Arbeit in Teile

(Auszug aus Coenenberg, Adolf Gerhard: Jahresabschluss und Jahresabschlussanalyse – Betriebswirtschaftliche, handelsrechtliche, steuerrechtliche und internationale Grundsätzen – HGB, IFRS und US-GAAP, 20. Auflage, Stuttgart 2005)

> Erster Teil: Erstellung des Jahresabschlusses
>
> ...
>
> Zweiter Teil: Analyse des Jahresabschlusses
>
> ...
>
> Dritter Teil: Theorien des Jahresabschlusses
>
> ...

Ein Inhaltsverzeichnis ohne **Seitenangaben** ist grundsätzlich unbrauchbar. Besteht eine Überschrift aus mehr als eine Zeile, so ist die betreffende Seitenzahl hinter die letzte Zeile zu setzen.

Bezüglich des **Umfanges** des Inhaltsverzeichnisses ist zu beachten, dass mit Ausnahme der Überschrift des Inhaltsverzeichnisses selbst und der ehrenwörtlichen Erklärung alle Überschriften der Arbeit aufzunehmen sind. Auch die Verzeichnisse einer Arbeit sollten hier – unter Angabe der entsprechenden Seitenzahl – aufgenommen werden.

Die **Bezeichnung "Inhaltsverzeichnis"** hat sich als gängiger Ausdruck in der Literatur durchgesetzt und wird daher für Praktikums-, Seminar-, Bachelor-, Master- und Diplomarbeiten empfohlen. Bei sehr langen Inhaltsverzeichnissen kann zusätzlich eine **Inhaltsübersicht** eingearbeitet werden, die vor dem Inhaltsverzeichnis steht und nur seine Hauptgliederungspunkte enthält. Die Bezeichnung als "Gliederung" ist unzulässig. Eine Gliederung ist ein Inhaltsverzeichnis ohne Seitenangabe.

Weiterführende Hinweise zur Gliederungstechnik bei wissenschaftlichen Arbeiten finden sich bei Deppe, J. (1992), S. 201 ff.

3.3   Abbildungs- und Tabellenverzeichnis

Abbildungen aller Art sind wertvolle Erklärungsmittel von komplexen Zusammenhängen und ersetzen häufig zeit- und platzraubende verbale Ausführungen. Ihr Wert wird kaum noch bestritten. Wer aber Abbildungen als Visualisierungsinstrument einsetzt, benötigt ein sog. Abbildungsverzeichnis. In das Abbildungsverzeichnis gehören alle in der Arbeit eingebaute Abbildungen, Grafiken und sonstige Übersichten, auch dann, wenn in der Arbeit nur eine Abbildung etc. vorhanden ist. Die Reihenfolge im Verzeichnis entspricht der Reihenfolge im Text.

Tabellen gehören streng genommen nicht zu den Abbildungen. Sind aber nur wenige Tabellen vorhanden, können auch diese in das bestehende Verzeichnis eingefügt werden. Die Überschrift sollte dann aber in „Abbildungs- und Tabellenverzeichnis" oder kurz „Übersichtsverzeichnis" respektive „Darstellungsverzeichnis" geändert werden.

Sind viele solcher Abbildungen und Tabellen vorhanden, lohnt es sich zwischen den einzelnen **Gruppen von Übersichten** weiter zu differenzieren. Auch sind in einem solchen Fall andere, treffendere Bezeichnungen als Überschrift zulässig und gegebenenfalls angebracht, z.B. Abbildungsverzeichnis, Tabellenverzeichnis oder Übersichtsverzeichnis.

Beispiel: Auszug aus einem Abbildungsverzeichnis

Seite

Abb. 1:	Beziehung zwischen Intensität der Einflussnahme und Anteil am Kapital	3
Abb. 2:	Konzepte zur Konzernrechnungslegung	8
Abb. 3:	Stufenabschlussprinzip	12
Abb. 4:	Befreiungen von der Einbeziehungspflicht	17
Abb. 5:	Basistheorien der Konzernrechnungslegung	22
Abb. 6:	Behandlung der Aufrechnungsdifferenzen	34
Abb. 7:	Formen und Methoden der Konsolidierung	38
Abb. 8:	Auswirkungen von Wechselkursänderungen auf die Ertragslage	45
Abb. 9:	Ausgestaltung der Konzernkapitalflussrechnung	51

3.4 Abkürzungsverzeichnis

Hinsichtlich des **Inhalts und des Umfangs von Abkürzungsverzeichnissen** gibt es zwei unterschiedliche Meinungen. Die einen vertreten die Ansicht, dass alle im Text gebrauchten Abkürzungen ausnahmslos in das Verzeichnis aufzunehmen sind. Die anderen beschränken das Verzeichnis auf die Abkürzungen, die laut Duden nicht geläufig sind. Laut Duden geläufige und damit nicht erwähnenswerte Ausdrücke wären dann beispielsweise "u.Ä.", "z.B.", "etc.", "usw." und "vgl.". Hier empfiehlt es sich, mit dem Betreuer Rücksprache zu halten. Keiner Erwähnung bedarf, dass natürlich nur die Abkürzungen aufzunehmen sind, die auch in der Arbeit Verwendung fanden. Hat sich der Autor für eine Abkürzung entschieden, sollte er darauf achten, dass die betreffenden Ausdrücke konsequent abgekürzt geschrieben werden; eine Ausnahme besteht lediglich dann, wenn die Abkürzung am Satzanfang steht.

Beispiel: Auszug aus einem Abkürzungsverzeichnis

A	Aktiva
a.A.	anderer Auffassung
a.a.O.	am angegebenen Ort
Abb.	Abbildung

Abs.	Absatz
AG	Aktiengesellschaft, Die Aktiengesellschaft (Zeitschrift)
AktG	Aktiengesetz
a.M.	anderer Meinung
Aufl.	Auflage
Az	Aktenzeichen
BB	Betriebs-Berater (Zeitschrift)
Bd.	Band
BFH	Bundesfinanzhof
BGH	Bundesgerichtshof
bspw.	beispielsweise
BStBl.	Bundessteuerblatt
BT-Ds.	Bundestag-Drucksache
BVerfG	Bundesverfassungsgericht
bzw.	beziehungsweise
ca.	circa
DB	Der Betrieb (Zeitschrift)
d.h.	das heißt
DIN	Deutsches Institut für Normung e.V.
Diss.	Dissertation
€	Euro
ebd.	ebenda
EK	Eigenkapital
EStG	Einkommensteuergesetz
etc.	et cetera
f., ff.	folgende, fortfolgende
FH	Fachhochschule
FK	Fremdkapital
Fn.	Fußnote
gem.	gemäß
ggf.	gegebenenfalls
GmbH	Gesellschaft mit beschränkter Haftung

GoB	Grundsätze ordnungsmäßiger Buchführung
HGB	Handelsgesetzbuch
h.M.	herrschende(-r) Meinung
Hrsg.	Herausgeber
i.d.R.	in der Regel
IdW	Institut der Wirtschaftsprüfer in Deutschland e.V.
i.e.S.	im engeren Sinne
i.V.m.	in Verbindung mit
Jg.	Jahrgang
Kap.	Kapitel
KonTraG	Gesetz zur Kontrolle und Transparenz im Unternehmens- bereich
KSt	Körperschaftsteuer
lat.	lateinisch
lfd.	laufend(-e, -en)
loc.cit.	loco citato
lt.	laut
m.E.	meines Erachtens
Mio.	Millionen
Nr.	Nummer
NYSE	New York Stock Exchange
o.g.	oben genannt(-e, -er)
o.J.	ohne Jahresangabe
o.O.	ohne Ortsangabe
o.V.	ohne Verfasserangabe
P	Passiva
RAP	Rechnungsabgrenzungsposten
RHB	Roh-, Hilfs- und Betriebsstoffe

s.	siehe
S.	Satz, Seite(-n)
s.o.	siehe oben
sog.	so genannt(-e, -er, -en)
T€	Tausend Euro
Tz.	Textziffer
u.a.	und andere(-s), unter anderem, unter anderen
u.Ä.	und Ähnliches
usw.	und so weiter
u.U.	unter Umständen
Verf.	Verfasser
vgl.	vergleiche
WISU	Das Wirtschaftsstudium (Zeitschrift)
WP	Wirtschaftsprüfer
z.B.	zum Beispiel
zugl.	zugleich

Trotz Abkürzungsverzeichnis ist aber stets zu bedenken, dass im laufenden Text **Abkürzungen möglichst zu vermeiden** sind. Das gilt gerade auch für Abkürzungen, die aus Bequemlichkeit für gängige wirtschaftswissenschaftliche Ausdrücke gewählt werden wie z.b. "WP" (Wirtschaftsprüfung), "Kore" (Kostenrechnung), "Hb" (Handelsbilanz). Die Ziffern von eins bis zwölf sind grundsätzlich auszuschreiben, wenn sie nicht mit Maß- oder Zeiteinheiten verbunden sind. Im Zweifelsfalle sollte man die Begriffe daher ausschreiben. Somit wären nur verhältnismäßig wenige Abkürzungen in das Verzeichnis einzustellen. Im Übrigen werden Abkürzungen am Satzende nicht getrennt.

In das Abkürzungsverzeichnis aufzunehmen sind, neben den oben bereits angesprochenen Ausdrücken, Abkürzungen von Zeitschriftennamen, Gesetzen und Verordnungen, wie sie zum Beispiel in den Fußnoten von Zitaten Verwendung finden können. Einige Gutachter favorisieren zudem ein eigenständiges **Zeitschriftenverzeichnis**, in dem sämtliche Abkürzungen von Zeitschriften wie DB (Der Betrieb), BB (Betriebs-Berater) oder WPg (Die Wirtschaftsprüfung) enthalten sind. Auch hier empfiehlt es sich kurz nachzufragen.

3.5 Symbolverzeichnis

Symbole stellen eine besondere Variante der Abkürzungen dar und sollten deshalb – sofern sie häufiger im Text vorkommen – getrennt in einem sog. Symbolverzeichnis ausgewiesen werden. Das Symbolverzeichnis ist im Allgemeinen das letzte Verzeichnis vor dem eigentlichen Textteil bzw. vor dem Abstract.

Die verwendeten Symbole sind **eindeutig und überschneidungsfrei** zu wählen. Haben sich in der Fachwissenschaft für bestimmte Größen bestimmte Symbole durchgesetzt, so sollten diese auch Verwendung finden. Nicht in das Symbolverzeichnis gehören allgemein gebräuchliche Abkürzungen und Zeichen wie cm, m^2 oder kg.

3.6 Abstract

Dem eigentlichen Textteil der Arbeit sollte ein Abstract vorangestellt werden. Dieser hat sich allerdings in Deutschland noch nicht allgemein durchgesetzt, ist international jedoch üblich und wird von immer mehr Professoren und Dozenten als sinnvoll erachtet. Das zeigt sich unter anderem auch daran, dass einige Kollegen anderer Hochschulen und anderer Schwerpunkte einen Abstract in deutscher und englischer Sprache (oder in sonstiger Weise mehrsprachig) erwarten. Der Student sollte sich daher bei seinem Schwerpunktleiter oder Betreuer vor Abgabe der Arbeit informieren.

Ein Abstact erfüllt eine ganz besondere **Funktion**. Er soll dem Leser in Kürze Problemstellung, Begriffs- und Themenabgrenzungen, Lösungswege und Ergebnisse der Arbeit darstellen, so dass er ohne großen Aufwand entscheiden kann, ob es für ihn sinnvoll ist, sich in die Lektüre zu vertiefen. Der Begriff "in Kürze" soll hier andeuten, dass der Abstact nicht eine eigenständige Arbeit werden oder einzelne Kapitel des Hauptteils ersetzen soll, sondern dass nur das Wesentliche hier herein gehört. Er könnte zum Beispiel bei einer Bachelor-, Master- und Diplomarbeit je nach Themen- und Problemstellung eine Seite bis maximal zwei Seiten betragen. Für eine Seminararbeit reicht in aller Regel eine halbe bis eine Seite, für eine Praktikumsarbeit im Allgemeinen eine halbe Seite aus, sofern er bei letzterer Arbeit überhaupt gefordert wird.

Hauptbestandteile des Abstracts sind die Ableitung und deutliche Formulierung der Problemstellung des Themas und die Zusammenfassung der Ergebnisse. Hilfreich zur zusammenfassenden Darstellung des Problems kann im Einzelfall eine Grobformulierung der **Problemstellung** in Frageform sein. Doch sollte man bedenken, dass der Abstract die ausführliche Beschreibung des Problems in einem extra dafür vorgesehenen Kapitel, z.B. „Problemstellung", am Anfang des Hauptteils der Arbeit nicht ersetzen kann und soll. Bei der **Zusammenfassung der Ergebnisse** ist darauf zu achten, dass nicht zu detailliert vorgegangen wird. Stattdessen muss versucht werden, möglichst kompakt und plakativ die wesentlichen Aspekte herauszustellen. Damit wird eine Zusammenfassung bzw. Wiederholung der wichtigsten Ergebnisse am Ende des Ausführungsteils nicht überflüssig.

Sofern es für das Verständnis erforderlich ist, kann im Abstract auch eine kurze **Darstellung der Vorgehensweise** der Untersuchung erfolgen ("Gang der Untersuchung"). Sie kann aber keinesfalls die Problemstellung und die Zusammenfassung der Ergebnisse ersetzen.

> Der Abstract ist ein eigenständiger Bestandteil der wissenschaftlichen Arbeit und ersetzt keinesfalls die Pflichtbestandteile im Ausführungsteil der Arbeit. Er komprimiert die zentralen Aussagen des Ausführungsteils und kann infolgedessen auch nicht über den Ausführungsteil hinausgehen. <u>Fußnoten sind im Abstract eher unüblich.</u>

Die folgende Checkliste gibt einen Überblick über die möglichen Inhalte des Abstracts:

Abstract

- kurze Einführung in die Thematik, Formulierung und Präzisierung der Problemstellung (Pflichtteil!);
- Klärung wesentlicher Begriffe (sofern notwendig!);
- Erläuterung der Vorgehensweise respektive des Lösungsweges (wahlweise);
- grobe Abgrenzung und Eingrenzung der Untersuchung: Welche Themen bzw. Fragen sind nicht behandelt worden (Pflichtteil!);
- kurze Zusammenfassung der Ergebnisse (Pflichtteil!).

Es ist selbstverständlich, dass der Abstract erst dann formuliert werden kann, wenn die wissenschaftliche Arbeit komplett fertiggestellt ist. Obwohl der Abstract am Anfang der Arbeit steht, wird er **zeitlich zuletzt angefertigt**.

Zum Schluss noch einige **formale Hinweise** zum Abstract: Der Abstract erhält keinen eigenständigen Gliederungspunkt, sondern steht vor dem Textteil. Er beginnt auf einer neuen Seite. Die Überschrift kann mit "Abstract" oder "Abstrakt" bezeichnet werden oder in einer sonstigen Weise aussagekräftiger formuliert sein. Empfohlen wird die international übliche Bezeichnung "Abstract".

Beispiel:

Nachstehend ist ein gelungener Abstract aus einer praxisbezogenen Diplomarbeit abgedruckt. Weitere Erläuterungen bedarf es hierzu nicht, da der Abstract selbstredend ist. Der Leser dieses Abstracts kann selbst überprüfen, ob er alle erforderlichen Informationen erhält, um zu entscheiden, ob die Arbeit thematisch für ihn die Richtige ist, d.h. zu seiner gesuchten Literatur zählt oder nicht. (Da die Arbeit vor 1998 angefertigt wurde, ist sie noch nach alter Rechtschreibung erstellt.)

Abstract

Das vom Gesetzgeber erlassene Gesundheitsstrukturgesetz von 1993 setzte die Öffnung der gesetzlichen Krankenversicherung ab dem 1. Januar 1996 durch, d.h., der Versicherte kann die Krankenkasse unter Einhaltung bestimmter Kündigungsfristen frei wählen. Resultat dieser Regelung ist eine Verschärfung des Wettbewerbs unter den verschiedenen Krankenkassen, mit der auch eine Sensibilisierung für Kostenaspekte und wirtschaftliches Handeln einhergeht.

Historisch bedingt konnte die in dieser Arbeit analysierte Krankenkasse eine sehr gute Mitgliederstruktur, d.h. viele Mittel- und Hochverdiener mit entsprechend hohen Beitragssätzen und einem guten Durchschnittsalter, verzeichnen. Diese wurde mit der Öffnung der Kassen schlagartig nachteilig verändert. Für das Management gilt es fortan, einen neuen Weg zu suchen und zu finden, auch weiterhin konkurrenzfähig zu bleiben.

Der erste Schritt der Entscheidungsträger in der Krankenkasse war es, eine unternehmensweite Kostenstellenrechnung einzuführen. Bei dieser stellt jede Geschäfts-, Betreuungs- und Abrechnungsstelle eine eigene Kostenstelle dar. Damit steht dem Unternehmen als Ganzes bereits ein wirksames Controllinginstrument zur Verfügung.

Auf Kostenstellenebene ist allerdings damit nur eine Kostenartenrechnung vorhanden, die zur Planung, Kontrolle und Steuerung der Kosten vor Ort bei weitem nicht ausreicht. Der Kostenstellenverantwortliche weiß nicht, in welchem Bereich die Kosten in welcher Höhe angefallen sind. Daraus ergibt sich die Notwendigkeit, eine Kostenstellenrechnung auf Geschäftsstellenebene einzuführen.

Im Rahmen dieses Projektes soll nun ein Konzept zur Einführung einer Kostenstellenrechnung in der Geschäftsstelle Jena der Krankenkasse erarbeitet werden. Das Vorgehen gliedert sich in mehrere Phasen, wobei die ersten beiden Hauptphasen die Istanalyse und das Sollkonzept betreffen. Während die Istanalyse Gegenstand dieser Diplomarbeit ist, wird das Sollkonzept zeitgleich im Rahmen einer anderen Arbeit entwickelt und beschrieben.

Zu Beginn sind alle relevanten Informationen, wie zum Beispiel zur Organisation oder den edv-technischen Gegebenheiten, zu erheben und der Istzustand zu dokumentieren. Damit soll das Unternehmen kennengelernt und eine Grundlage für die anschließende Analysephase geschaffen werden. Diese hat dann zum Ziel, Stärken und Schwächen und deren Ursachen herauszustellen. So zeigte sich beispielsweise, daß der Organisationsarbeit sehr viel Beachtung geschenkt wurde. Es existieren aktuelle Unterlagen, wie Organigramm, Stellenbeschreibungen und Arbeitsanweisungen. Hier konnten kaum Schwachstellen gefunden werden. Erhebliche Mängel stellten sich vielmehr bei dem Betriebsabrechnungsbogen der unternehmensweiten Kostenstellenrechnung heraus. Der Kostenartenplan ist fehlerbehaftet, auch stimmen die ausgewiesenen Kosten gelegentlich nicht mit den gebuchten Aufwendungen überein, obwohl es sich durchweg um aufwandsgleiche Kosten handelt. Ebenso weist die dv-technische Komponente Schwächen auf. Zu viele Schnittstellen, die Ergebnis teilweise „zusammengestückelter" Individualsoftware sind, beeinträchtigen einen fehlerfreien Datenfluß. Ein Schwachstellenkatalog, der am Ende der Analysephase zusammengestellt wurde, faßt die wichtigsten Schwachstellen noch einmal zusammen. In der anschließenden Sollkonzeption fließen diese dann in den Anforderungskatalog ein, um später reduziert bzw. beseitigt zu werden.

<u>Beispiel:</u>

Nachstehend ist ein etwas umfangreicherer Abstract aus einer Dissertation über Konzernbilanzpolitik abgedruckt. Die Schriftgröße und die Abstände wurden hier aus Platzgründen verkleinert; die alte Rechtschreibung wurde beibehalten. Das Original hatte ca. zwei DIN A4-Seiten. (Da die Arbeit vor 1998 angefertigt wurde, ist sie noch nach alter Rechtschreibung erstellt.)

Abstract

Konzernabschlüsse haben den Zweck, Informationen über die Vermögens-, Finanz- und Ertragslage des Unternehmensverbunds "Konzern" zukommen zu lassen. Die wirtschaftliche Lage ist so darzustellen, als wenn die Konzernunternehmen nicht nur wirtschaftlich, sondern auch juristisch eine Einheit wären. Gesetzliche Regelungen und Grundsätze ordnungsmäßiger Buchführung, Bilanzierung und Konsolidierung bilden dabei den Rahmen, innerhalb dessen sich der Rechnungslegende zu bewegen hat. Es verbleiben dennoch zahlreiche Gestaltungsmöglichkeiten für eine an den Konzernzielen ausgerichtete aktive Bilanzpolitik.

Durch die Möglichkeit der Nutzung der mannigfachen Spielräume und gesetzlichen Wahlrechte auf Konzernabschlußebene hat der Bilanzpolitiker des Konzerns – im folgenden auch als Träger der Konzernbilanzpolitik bezeichnet – ein wirksames Instrument zur Beeinflussung der Darstellung der Vermögens-, Finanz- und Ertragslage. Voraussetzung für eine "optimale" Anwendung der konzernbilanzpolitischen Gestaltungsmöglichkeiten ist allerdings, daß dem Träger der Konzernbilanzpolitik die wesentlichen Alternativen bekannt bzw. zugänglich sind und er deren Wirkungen und sonstigen Eigenschaften kennt. Dieses gilt sowohl für die jeweils aktuelle Konzernabschlußerstellung als auch bei langfristiger Bilanzpolitik für die nachfolgenden Abschlüsse.

Die vorliegende Arbeit zeigt die Gründe und Wirkungen der Konzernabschlußgestaltung. Beschrieben werden zunächst die Adressaten des Konzernabschlusses sowie die Ziele, Objekte, Träger und Rahmenbedingungen der Konzernbilanzpolitik. Darauf aufbauend werden die Ansatzpunkte und Maßnahmen der Bilanzpolitik im Konzern systematisch erarbeitet. Konzernbilanzpolitik wird dabei als eine Gestaltungsaufgabe verstanden, die sowohl die nachträgliche Beeinflussung von Abschlußgrößen umfaßt als auch die Steuerung der zugrunde liegenden Sachverhalte mit einbezieht. Ziel der Untersuchung ist es, eine analytische Struktur aufzubauen, mit der die Konzernbilanzpolitik als simulationsfähiges Gesamtkonzept formuliert werden kann.

Die Untersuchung liefert zunächst eine für die Bearbeitung der konzernbilanzpolitischen Gestaltungsmöglichkeiten – nachstehend kurz Konzernabschlußparameter genannt – notwendige Darstellung der konzernrechtlichen Rechnungslegung und erarbeitet sodann die Möglichkeiten einer eigenständigen Konzernbilanzpolitik. Der Bilanzierende erhält folglich eine Übersicht über die Konzernabschlußparameter und deren Interdependenzen und erfährt, welche Auswahlkriterien er zur Bestimmung der "optimalen" Gestaltungsalternativen heranziehen kann und wie die einzelnen konzernbilanzpolitischen Möglichkeiten diese Auswahlkriterien abdecken. Sämtliche vorgestellte Abschlußparameter werden anhand der Auswahlkriterien, wie z.B. Wirkung, Flexibilität und Erkennbarkeit, beurteilt und zugeordnet. Der Schwerpunkt liegt dabei auf der Darstellung der quantitativen Wirkungen der Konzernabschlußparameter auf Konzernbilanzstruktur und Konzernergebnis.

Die ermittelten quantitativen Wirkungen der Abschlußparameter auf die Konzernbilanzstruktur und das Konzernergebnis sollen es ermöglichen, ein problemadäquates Simulationsmodell zur Lösung bilanzpolitischer Fragen zu generieren sowie Sensitivitätsanalysen zu ermöglichen, um Planbilanzen zu erstellen. Der Träger der Konzernbilanzpolitik kann mit dieser Hilfe nahezu ohne zeitliche Verzögerung feststellen, welche Auswirkungen die Nutzung einer Gestaltungs-alternative (z.B. Buchwert- oder Neubewertungsmethode) auf die Bilanzstruktur und das Jah-resergebnis hat bzw. welche Variante zu einer höheren Bilanzsumme, zu einem höheren Eigen-kapital oder Fremdkapital oder zu einem höheren Jahresergebnis im Konzern führt.

Ergänzt wird die Analyse der quantitativen Wirkungen der Abschlußparameter durch eine vom Verfasser durchgeführte empirische Untersuchung. Befragt wurden die größten Industrie- und Handelsunternehmen gemessen am Umsatz und an der Mitarbeiterzahl, die im Geschäftsjahr 1992 einen Konzernabschluß oder Teilkonzernabschluß aufgestellt haben. Die Ergebnisse der Umfrage dienen der Unterstützung der wissenschaftlichen Argumentation und zeigen die Sicht-weise und Einschätzung der Konsolidierungspraxis zu ausgewählten Problemen der Konzern-bilanzpolitik.

3.7 Ausführungsteil (Textteil)

Hinsichtlich des Ausführungsteils – auch Textteil genannt – einer wissenschaftlichen Arbeit können nur wenige und zudem globale Gestaltungshinweise gegeben werden; zu unterschiedlich sind die einzelnen Arbeiten und Themenstellungen.

3.7.1   Inhalt und Aufbau des Ausführungsteils

Der Ausführungsteil einer wissenschaftlichen Arbeit umfasst alle **unmittelbaren As-pekte des Themas**.

Ganz grob betrachtet kann man den Ausführungsteil in **drei Teile gliedern**: die Einlei-tung, den Hauptteil und den Schluss. Während die Einführung in die Thematik, die Pro-blemstellung, die terminologische und inhaltliche Abgrenzung sowie die Beschreibung der Vorgehensweise der **Einleitung** zuzurechnen sind, gehören die kritische Würdi-gung, die Zusammenfassung der Ergebnisse, das Fazit und der Ausblick eindeutig in den **Schlussteil**. Zwischen diesen beiden Teilen steht der **Hauptteil**, der – wie der Name schon andeutet – den Schwerpunkt der Untersuchung darstellt und die Kernaus-sagen enthält. Im Hauptteil sind die Fragestellungen der Problembeschreibung aufzu-nehmen und abzuhandeln. Der Hauptteil wird üblicherweise in mehrere Kapitel unter-teilt.

3.7.2   Themenstellung und -analyse

Ausgangspunkt aller wissenschaftlichen Werke ist zunächst einmal die vorgegebene **Themenstellung**. Es gilt, das Thema so aufzufassen und zu begreifen, wie es tatsächlich gegeben oder – bei selbstgewählter Themenstellung – wie es mit dem Betreuer abgesprochen ist. Das Thema darf keinesfalls "verbogen" werden. Es dürfen keine Aspekte hinein interpretiert werden, die vom Dozenten nicht gemeint sind. Das heißt nicht, dass man keine eigene Meinung haben darf. Es ist nur unbedingt erforderlich, sich darüber klar zu werden, wonach gefragt ist. Der Schreiber läuft sonst Gefahr, etwas zu untersuchen, was zur Lösung der Aufgabe entbehrlich und daher überflüssig ist, was also der Betreuer nicht wissen will. Nicht selten verstellen sich die Studierenden den möglichen Erfolg ihres wissenschaftlichen Bemühens bereits in dieser Anfangsphase. Statt sachlich zu überlegen und zu analysieren, welche Teilfragen sich aus der Themenstellung ergeben und wie diese miteinander zusammenhängen, lassen sie sich zu einem unüberlegten und ziellosen Start verleiten. Im Zweifel ist also beim Betreuer nachzufragen und das Thema en détail abzustimmen.

Folgende Fragen sollte man sich selbst frühzeitig beantworten:

- Was ist das Thema der Arbeit und worüber soll geschrieben werden?
- Was wird erwartet?
- Wie ist das Anspruchsniveau, z.B. Darstellen, Vergleichen, Reflektieren, Interpretieren oder Analysieren?
- Welche konkreten Aspekte müssen bzw. können berücksichtigt werden?
- Welche Pflichtlektüre gibt es? Wer beherrscht die Diskussion? Was ist der Status quo der Forschung?
- Sind bereits in dieser Phase irgendwelche Probleme erkennbar? Wie lassen sich diese beheben?
- Von welchen Fachdisziplinen wird das Thema untersucht?

Eine bewährte **Vorgehensweise zur Analyse der Themenstellung** ist zum Beispiel die, das gestellte Thema in seine Hauptbestandteile zu zerlegen. Diese Hauptbestandteile werden definiert, näher untersucht und wiederum weiter aufgefächert usw. Dieser **Zerlegungsprozess** wird solange fortgesetzt, bis das Thema vollständig erfasst ist oder Abgrenzungen und Themeneingrenzungen notwendig werden, weil das Thema nicht gesamthaft bearbeitet werden kann. Dabei darf der Autor aber niemals das übergeordnete Ziel bzw. die Absicht der Themenstellung aus den Augen verlieren – gemeint sind hier insbesondere die Verbindungen zwischen den Hauptbestandteilen. Oft geben überge-

ordnete Themenstellung und erste Deduktionsschritte bereits Hinweise auf eine zweckmäßige Vorgehensweise und Gliederung.

Praktisch kann das so aussehen: Das Thema der Arbeit wird in die Mitte eines DIN A3-
Blattes (*Mindmap* – Gedankenlandkarte) geschrieben. Spontan und impulsiv werden
alle Einfälle, Anmerkungen, Fragen, Probleme und Assoziationen stichwortartig und
noch unstrukturiert um das Thema herum notiert bzw. gezeichnet. Anschließend werden
die Notizen durch Pfeile und Linien den Themenkomplexen zugeordnet. Auf diese Art
und Weise werden Zusammenhänge, Interdependenzen und auch „Leerstellen" deutlich.
Außerdem lassen sich aus dieser Zusammenstellung erste Ansätze für eine mögliche
Gliederung ableiten. Mindmapping versucht die analog und unstrukturiert arbeitende
rechte Gehirnhälfte verstärkt zu aktivieren, indem es den Entstehungsprozess der Gedanken anregt und in der ganzen Komplexität strukturiert abbildet.

Zum Schluss sollen zwei praktische Beispiele verdeutlichen, wie eine strukturierte und
logisch konsistente Gliederung aus einem Grobentwurf generiert werden kann.

Beispiel: Erster Entwurf einer Gliederung für eine Seminararbeit

Der erste Gliederungsentwurf einer Kommilitonin zum Thema „Darstellung und
Beurteilung der Lebenszykluskostenrechnung von Immobilien im Facility Management" hatte folgendes Aussehen:

Abstract

1   Einleitung

2   Der Immobilienlebenszyklus
        2.1   Die Phasen im Lebenszyklus von Immobilien
        2.2   Kostenaufteilung
        2.3   Ermittlung der Lebensdauer
        2.4   Ermittlung der Zinsen

3   Lebenszykluskostenrechnung
        3.1   Erstkosten in der Konstruktionsphase
              3.1.1 Kostenermittlung nach der Elementmethode
              3.1.2 Kostenerrechnung nach der Kostenflächenartenmethode

3.2   Folgekosten der Nutzungsphase
    3.2.1 Die Kapitalkosten
    3.2.2 Die Verwaltungskosten
    3.2.3 Die Betriebskosten
    3.2.4 Die Kosten für Instandsetzung
3.3   Leistungen aus Immobilien mittels Mieteinnahmen
3.4   Ergebnis und Auswertung
3.5   Strategien zur Senkung von Immobilienlebenszykluskosten

4   Zusammenfassung und Ausblick

Daraus ist schließlich nach den ersten Beratungen durch den betreuenden Dozenten folgende Gliederung geworden:

Beispiel: Überarbeitete Gliederung für die o.g. Seminararbeit

Abbildungsverzeichnis
Abkürzungsverzeichnis

Abstract

1   Problemstellung

2   Charakteristika des Lebenszyklus von Immobilien

3   Darstellung der Lebenszykluskostenrechnung von Immobilien
3.1   Erstkosten der Konstruktionsphase
    3.1.1 Einführung
    3.1.2 Beschreibung des Bauprojektes
    3.1.3 Flächenermittlung nach DIN 277
    3.1.4 Ermittlung der Kosten der Einzelansätze und der
          Gesamtkosten
3.2   Folgekosten der Nutzungsphase
    3.2.1 Einführung
    3.2.2 Kapitalkosten

3.2.3 Verwaltungskosten

3.2.4 Betriebskosten

3.2.5 Instandsetzungskosten

3.3   Leistungen der Nutzungsphase

3.4   Ergebnis der Konstruktions- und Nutzungsphase

4   Beurteilung der Lebenszykluskostenrechnung von Immobilien

5   Fazit und Ausblick

Anhang

Literaturverzeichnis

Beispiel: Erster Entwurf einer Gliederung für eine Diplomarbeit

Ein Diplomand beschäftigte sich mit dem Thema „Konzeption einer kurzfristigen Finanzplanung innerhalb des operativen Liquiditätsmanagements – dargestellt am Beispiel der Stadtwerke Muster GmbH –". Sein erstes Elaborat einer Gliederung hatte folgendes Aussehen:

Abstract

1   Problemstellung

2   Konzeptionierung einer zahlungsorientierten Finanzplanung für das
     Geschäftsjahr 2002
     2.1   Analyse der finanziellen Situation des Geschäftsjahres 2001
     2.2   Erstellung einer Istfinanzrechnung für das Geschäftsjahr 2001
     2.3   Betrachtung der Umsatz- und Investitionsentwicklung des
           Geschäftsjahres 2001
     2.4   Verfahrenstechniken der Finanzprognose
     2.5   Darstellung der Finanzplanung für das Geschäftsjahr 2002
     2.6   Strategien zur Liquiditätssicherung
     2.7   Finanzberichterstattung mittels Liquiditätskennziffern

3   Zusammenfassung der Ergebnisse

Anhang

Nach intensiver Beratung und Rücksprache mit dem Firmenbetreuer ist schließlich nachstehende Gliederung entstanden:

Beispiel: Endgültige Grobgliederung für die o.g. Diplomarbeit

Abbildungsverzeichnis
Tabellenverzeichnis
Abkürzungsverzeichnis

Abstract

1   Einführung
   1.1   Problemstellung
   1.2   Vorstellung des Unternehmens
   1.3   Terminologische Abgrenzung
   1.4   Inhaltliche Abgrenzung
   1.5   Beschreibung der Vorgehensweise

2   Darstellung des Konzeptes für eine kurzfristige Finanzplanung
   2.1   Grundsätze für die Erfassung und Strukturierung der Zahlungs-
      ströme
   2.2   Planung der Zahlungseingänge
      2.2.1 Planung der Einzahlungen aus dem laufenden Geschäft
      ...
      2.2.2 Planung der Einzahlungen aus dem Anlagenbereich
      ...
      2.2.3 Planung der Einzahlungen aus dem Kapitalbereich
      ...
      2.2.4 Planung der Einzahlungen aus dem Geldvermögens-
      bereich
      ...

2.3 Planung der Zahlungsausgänge

2.3.1 Planung der Auszahlungen aus dem laufenden Geschäft

...

2.3.2 Planung der Auszahlungen aus dem Anlagenbereich

...

2.3.3 Planung der Auszahlungen aus dem Kapitalbereich

...

2.3.4 Planung der Auszahlungen aus dem Geldvermögens-
bereich

...

2.4 Erweiterung der statischen Finanzplanung zur rollierenden
Finanzplanung

3 Ermittlung und Steuerung des Finanzsaldos

3.1 Maßnahmen bei Finanzmittelüberschuss

3.2 Maßnahmen bei Finanzmitteldefizit

4 Kritische Würdigung

Anhang
Literaturverzeichnis

3.7.3 Problemstellung

Bevor auf Zweck und Inhalt der Problemstellung näher eingegangen wird, soll vorab ein Plädoyer für eine **Einführung** gehalten werden. Unglücklich ist es, wenn der Verfasser der Arbeit ohne Hinführung zum Thema gleich „mit der Tür ins Haus fällt". Eine vom Umfang her angemessene Einführung in die Thematik, eine Einbettung des Themas in das weitere Umfeld und in den Rahmen der jeweiligen Fachdiskussion sowie eine Hinführung zur Fragestellung machen den Einstieg für den Leser angenehmer.

Den schriftlichen Niederschlag findet die Themenanalyse in der Formulierung der **Problemstellung**. Die Problemstellung zerlegt das Thema in geordnete Einzelteile, zeigt die Abhängigkeiten, Zusammenhänge und Interdependenzen der Fragestellungen auf und präsentiert ein stimmiges Gesamtbild vom Zweck und Ziel der Arbeit. Hier können auch bereits Hinweise bezüglich des untersuchten Materials, der ausgewählten Kriterien und/oder der verwendeten Untersuchungsmethode gegeben werden. Je nach Themenstellung gehört auch eine Übersicht über den Stand der Forschung zur Problemstellung.

Die Problemstellung ist fundamentaler Bestandteil jeder wissenschaftlichen Arbeit und kann durch nichts ersetzt werden. Zudem schützt eine klar formulierte Problemstellung den Autor davor, einfach darauf los zu schreiben. Nicht nur in der Wissenschaft, sondern auch in der Praxis hängt die Qualität der Problemlösung nicht selten von einer vorgelagerten, strukturierten Problembeschreibung ab.

> Zu jeder wissenschaftlichen Arbeit gehört zwingend eine Problemstellung, die die Fragestellungen und das Untersuchungsziel offenbart.

Als integraler Bestandteil des Ausführungsteils, insbesondere im Rahmen einer Bachelor-, Master- oder Diplomarbeit, sind je nach Themenstellung noch **weitere Gliederungspunkte obligatorisch**. Dazu gehören Begriffsabgrenzungen und Definitionen, inhaltliche Abgrenzungen, Stand der Forschung, Forschungsanliegen der Arbeit, Prämissen, Vorgehensweise (Gang der Untersuchung), Vorstellung des Unternehmens (bei Praxisarbeiten) sowie Zusammenfassung der Ergebnisse, Fazit oder Ausblick. Gegebenenfalls ist für jeden dieser Punkte ein eigener Gliederungspunkt bzw. sogar ein eigenes Kapitel einzurichten.

3.7.4   Terminologische Abgrenzungen

Eine wesentliche Anforderung an wissenschaftliches Arbeiten ist die **Klärung verwendeter Begriffe**, die für das Verständnis der Gesamtdarstellung erforderlich sind. Sofern es zweckmäßig ist und es sich um sog. thementragende, d.h. als Themenbestandteil erscheinende Termini handelt, sollte bereits im Abstract eine Klärung der benutzten Begriffe erfolgen. Zu definieren sind prinzipiell alle Begriffe, die hinsichtlich ihres Inhalts noch nicht eindeutig festgelegt sind und einen Interpretationsspielraum aufweisen. Termini, die im Verlauf der Untersuchung auftauchen, sind jeweils „vor Ort" zu definieren.

Der Bearbeiter sollte sich unbedingt um eine **kurze und präzise Ausdrucksweise** bemühen, die er dann im weiteren Ausführungsteil der Untersuchung beibehalten sollte. Vorgenommene Definitionen und Begriffserläuterungen sollten unter Berücksichtigung des Themas zweckmäßig gewählt werden. Man spricht hier auch von einer problemstellungsadäquaten Definition. Eine Definition kann zwar nie falsch, aber im Einzelfall unzweckmäßig sein. Eine einmal vorgenommene terminologische Abgrenzung gilt immer für die gesamte Arbeit und ist ausnahmslos konsequent beizubehalten.

Beispiel: Begriffsabgrenzung „Konzernbilanzpolitik"

...

Für den Sachverhalt der Konzernbilanzpolitik hat sich bis dato noch keine einheitliche Begriffsdefinition herauskristallisiert. Doch ist es hier nicht das Ziel, eine Aufzählung unterschiedlicher Definitionen zu geben und in die wissenschaftliche Diskussion einzutreten, sondern eine pragmatische, für die weitere Arbeit zweckmäßige Definition dieses Begriffs soll im Folgenden erarbeitet werden.

In der bisherigen betriebswirtschaftlichen Literatur wird hinsichtlich des Begriffs Konzernbilanzpolitik versucht, sich an der Bilanzpolitik des Einzelabschlusses zu orientieren.[6] In gleicher Weise soll auch die Begriffsabgrenzung in dieser Arbeit vorgenommen werden.

Konzernbilanzpolitik soll im Folgenden definiert werden als die bewusste und im Hinblick auf die Konzernziele zweckorientierte Beeinflussung des Konzernabschlusses im Rahmen des rechtlich Zulässigen.[7]

...

[Die Ziffern weisen auf die Fundorte der Zitate hin.]

Es ist bei jeder **Begriffsbildung und -neuschöpfung** darauf zu achten, dass die verwendeten Worte (zwei oder mehrere Worte) in der richtigen Reihenfolge miteinander kombiniert werden. So ist zum Beispiel eine "Maschinenbaufirma" etwas anderes als eine "Baumaschinenfirma". Gleiches gilt auch für die beiden Ausdrücke „Controlling von Prozessen" und „Prozesscontrolling". Vertauschungen führen häufig zu einem Sinnwechsel, der so nicht gewollt ist. Auch sollte man mit eigenen Wortkreationen äußerst zurückhaltend umgehen. Die Literatur und Praxis sind in dieser Hinsicht bereits schöpfend genug. Ein Beispiel aus einer Seminararbeit möge dieses unterstreichen: Zwar existieren die Begriffe "Teilkonzern" und "Teilkonzernabschluss", das heißt aber noch lange nicht, dass es auch ein "Teilunternehmen" gibt. Diese Unternehmen werden im Fachschrifttum übereinstimmend "Konzernunternehmen" oder in einer etwas anderen Bedeutung "Tochtergesellschaften" genannt. Der Student sollte sich hier mit den bestehenden Termini bekannt machen, bevor er unkontrolliert "loslegt". In der Mehrzahl der Fälle reichen die bestehenden Begriffe problemlos aus.

3.7.5 Inhaltliche Abgrenzungen

Den sich aus der Problemstellung ergebenden Fragenkatalog bzw. Problemkomplex kann der Verfasser im Allgemeinen kaum gesamthaft behandeln, d.h., er ist gezwungen, das **Thema einzugrenzen** und sich auf die Beantwortung einer bzw. mehrerer Fragestellungen zu beschränken. Ein Thema sinnvoll einzugrenzen oder einen Schwerpunkt zu setzen ist oft unabdingbare Voraussetzung für das Gelingen der Arbeit. Wird der Problemkomplex nicht eingeschränkt, kommt man entweder nicht auf den „Punkt" oder zu keinem Abschluss.

Eine angemessene inhaltliche Abgrenzung des Themas ist wesentlicher Bestandteil einer jeden wissenschaftlichen Arbeit. Sie ermöglicht es überhaupt erst, das Thema arbeitstechnisch und wissenschaftlich in den Griff zu bekommen.

Die konkrete Eingrenzung des Themas kann nicht aus dem Stand heraus vorgenommen werden. Sie ist ein kontinuierlicher Prozess, der durch das Studium der Unterlagen entscheidend beeinflusst wird.

Die Abgrenzung zwischen den Fragen, die der Verfasser behandelt hat und den Fragen, die er unbeantwortet lässt, **muss begründet werden**. Bei umfangreicheren Abgrenzungen ist eine Rücksprache unverzichtbar, ggf. muss sogar das Thema anders gestellt werden. Eine solche Themeneingrenzung sollte zumindest in grober Form bereits im Abstract erfolgen. Detaillierte Einschränkungen können dann zusätzlich in einem extra Gliederungspunkt im Einleitungsteil erfolgen, sofern dieses notwendig wird.

3.7.6 Aufbau der Arbeit

In dem Gliederungspunkt „Aufbau der Arbeit" – gelegentlich auch als „Aufbau und Methodik der Arbeit", als „Beschreibung der Vorgehensweise" oder als „Gang der Untersuchung" bezeichnet – werden die einzelnen **Ablaufschritte der wissenschaftlichen Arbeit** aufgeführt. An dieser Stelle hat der Bearbeiter die Möglichkeit, dem Leser mitzuteilen und zu erläutern, wie er die Beantwortung der Fragestellung bzw. Problemstellung angeht bzw. wie sein Lösungsweg aussieht. Sofern die angeführten Schritte in ihrer Abfolge nicht aus sich selbst heraus logisch sind, sollte eine kurze Begründung folgen.

3.7.7 Inhaltlich-materielle Regeln und Empfehlungen

Für das Anfertigen einer wissenschaftlichen Arbeit gibt es leider kein allgemein gültiges Rezept. In der Praxis haben sich jedoch bestimmte Grundsätze als zweckmäßig erwiesen, die es zu beachten gilt. Unabhängig von der Dreiteilung des Textteils in Einführung, Hauptteil und Schlussteil genießen nachstehende Regeln, Hinweise und Empfehlungen Allgemeingültigkeit:

Besonders wichtig für das Anfertigen wissenschaftlicher Arbeiten ist eine **stringente Gedankenführung** und eine **Konzentration auf das Wesentliche** – zumal der Umfang der Arbeit in den meisten Fällen ohnehin begrenzt ist. Die Arbeit sollte daher keine Ausführungen enthalten, die nicht unmittelbar zum Thema gehören. In einer Masterarbeit über einen Vergleich der angelsächsischen und der kontinental-europäischen Rechnungslegung haben Ausführungen über das japanische Handelsrecht ebenso wenig etwas zu suchen wie Untersuchungen des Familienstandes eines Gewerbetreibenden in einer steuerrechtlichen Arbeit zur Abgrenzung des Herstellungs- und Erhaltungsaufwandes. Alle von der Themenstellung wegführende Darlegungen sind zu meiden. Das gilt auch für Aspekte, die aus der Sicht des Verfassers außerordentlich interessant erscheinen. Hier muss der Autor ein gewisses "Fingerspitzengefühl" mitbringen und zeigen. Nicht selten empfiehlt es sich, den Gedankengang vorher zumindest kurz zu skizzieren.

Aus dem gerade genannten Grunde kann es in Seminar-, Bachelor-, Master- und Diplomarbeiten auch keine **Exkurse** geben. Das aus dem lateinischen stammende Wort Exkurs (lat. excursio) steht für Ausflug und Abschweifung. Ein Exkurs ist somit immer ein Indiz für eine unzulässige Themenverschiebung.

Auf der anderen Seite ist die Problemstellung **vollständig** und **lückenlos** abzuarbeiten. Je nach Art der Arbeit – Praktikums-, Seminar-, Bachelor-, Master- oder Diplomarbeit – ist unter „vollständig" und „lückenlos" etwas anders zu verstehen. Je nach wissenschaftlichem Niveau der Arbeit brauchen selbstverständlich voraussetzbare Aspekte nur äußerst knapp präsentiert zu werden. So können Ausführungen, die das Grundstudiumswissen abhandeln, in einer Praktikums- oder Seminararbeit angebracht sein, in einer Bachelor-, Master- oder Diplomarbeit wären sie dagegen unangemessen.

Zusammenfassend lässt sich folgender **Leitsatz** festhalten:

> Die Arbeit sollte vom Verfasser während der Bearbeitung ständig dahingehend überprüft werden, ob eine geschlossene und vollständige Untersuchung bzw. Analyse – soweit bei Begrenzung der Seitenzahl möglich – vorliegt, das gestellte Thema auch tatsächlich abgehandelt wird und die Ausführungen auch zum Thema gehören (*"Themenverschiebungen sind zu vermeiden!"*).

Inhaltlich/materiell soll der Ausführungsteil erkennen lassen, dass der Verfasser in der Lage ist:

- die Themenstellung und den Untersuchungsgegenstand der Arbeit zu erkennen, vollständig zu erfassen und ggf. zweckmäßig einzugrenzen;
- die Literatur kritisch auszuwerten und die verschiedenen Literaturtitel auf Widersprüche untereinander zu untersuchen, diese herauszuarbeiten und Stellung dazu zu beziehen;
- seine durch das Literaturstudium erlangten Erkenntnisse zielorientiert und anschaulich darzustellen;
- die Zusammenhänge zu erkennen und diese folgerichtig und systematisch zu strukturieren;
- die Ergebnisse kritisch zu analysieren und zu würdigen;
- eigene Lösungsvorschläge zu entwickeln oder zumindest Hinweise dafür zu geben.

Die **Sprache**, das **Ausdrucksvermögen** und die **Anschaulichkeit** der Arbeit sollten einer wissenschaftlichen Arbeit angemessen sein. Es ist auf eine klare und sachliche Sprache zu achten. Die Ausdrucksweise sollte prägnant, unmissverständlich und aussagekräftig sein. Insofern ist der an der Umgangssprache orientierte *journalistische Schreibstil* in wissenschaftlichen Arbeiten unangebracht. Das heißt aber nicht, dass wissenschaftliche Arbeiten langweilen und ermüdend wirken müssen. Gefordert ist vielmehr ein anschaulicher, ausdrucksvoller und plastischer Stil. Der persönliche Stil kennzeichnet unverwechselbar einen Verfasser und ist zugleich Voraussetzung für dessen Erfolg. Es entsteht leicht der Verdacht: *Wer ungenau und unsauber formuliert, hat auch unklar gedacht!*

Es versteht sich von selbst, dass jeder Satz in einer wissenschaftlichen Ausarbeitung eine **Aussage** enthalten muss. Substanzlose Sätze wie der folgende, oft zitierte Satz: „Wenn der Hahn kräht auf dem Mist, ändert sich das Wetter oder es bleibt so, wie es ist!" sind überflüssig. Ebenso unsinnig und unlogisch sind die beiden Sätze: „Zum Bahnhof ist es weiter als zu Fuß!" und „Entweder die Sonne scheint oder sie scheint nicht oder es herrscht Nebel."

Beispiel für pseudo-wissenschaftliche Formulierungen aus einer Seminararbeit

---

...

Logistikkontrolle umfasst schlussfolgernd demnach alle Bereiche des Unternehmens, welche sich unternehmensbereichsübergreifend mit Logistikproblemen beschäftigen und rechtfertigen augenscheinlich den Begriff des Flow-Managements, welches flexible Entscheidungsprozesse im Sinne eines turbulenten Fliessprozesses an globalen Märkten gestaltet. Diese Prozesse greifen im Sinne der jeweiligen Unternehmensphilosophie und der relativen Kurzfristigkeit von unternehmerischen Zeithorizonten und der Relativität unternehmerischen Planens dort, wo *Meier* in „Abgrenzung zur Vision" formuliert:

...

Was will uns die Autorin damit sagen? Haben Sie die Aussage verstanden?

Aber selbst hochkarätige Wissenschaftler verlieren manchmal ihre Adressaten aus dem Blickfeld, wenn sie Sätze wie beispielsweise den Folgenden formulieren:

<u>Beispiel</u> für eine schwer verständliche Aussage aus einem Fachaufsatz

---

...

Das bekannteste Beispiel aus dem Bereich der Verrechnungsverfahren ist die Erkenntnis, dass eine Anlastung von geschlüsselten Gemeinkosten unter Delegationsbedingungen gegenüber der bei Vernachlässigung von Zielkonflikten „richtigen" Zuordnung relevanter Kosten Effizienzvorteile bringen kann.

...

Widersprüche, Unklarheiten, Wiederholungen und ähnliche Mängel sind zu vermeiden. Redundanzen können allerdings dann sinnvoll sein, wenn sie zur Wiedergewinnung des „roten Fadens" dienen. Ansonsten sind sie ohne Ausnahme zu meiden, auch wenn man sie in wissenschaftlichen Lehrbüchern regelmäßig antrifft. In Lehrbüchern können Wiederholungen ein erforderliches didaktisches Instrument zur besseren Verankerung des Lehrstoffes bilden und haben insoweit ihre Berechtigung.

<u>Beispiel</u>: Widerspruch (aus einer praxisorientierten Diplomarbeit)

...

Eine Angebotskalkulation auf Basis einer differenzierenden Lohnzuschlagskalkulation reicht für das untersuchte Maschinenbauunternehmen völlig aus.

...

Zwei Seiten weiter steht dann:

...

Hinzuweisen ist aber auf die gravierenden Mängel der differenzierenden Lohnzuschlagskalkulation. Im Einzelfall kann diese Methode sogar existenzielle Fehlentscheidungen nach sich ziehen.

...

Die Ausführungen müssen den Leser überzeugen. Dies erfordert das Arbeiten mit **Begründungen statt Behauptungen** sowie mit Argumenten statt Beispielen. Natürlich sind **Beispiele hilfreich** und zur Erläuterung herzlich willkommen. Sie dürfen aber nicht das Argument ersetzen. Das heißt also: Erst das Argument und dann das Beispiel! Die Beispiele sollten nach Möglichkeit praxisorientiert und realitätsnah ausgewählt werden. Erfahrungsgemäß sind Beispiele mit konkreten Zahlen einprägsamer und nachvollziehbarer als solche mit Variablen, wie x, y oder griechischen Buchstaben. Werden Beispiele eingefügt, sollten die zugrunde liegenden Daten möglichst realistisch sein. Das trifft mit Sicherheit nicht zu, wenn in einer Seminararbeit eine Entkonsolidierung anhand eines praktischen Beispiels beschrieben wird und der Beteiligungsanteil des Mutterunternehmens an der Tochtergesellschaft 800 € beträgt.

Ein <u>Beispiel</u> für das Aneinanderreihen von (nicht bewiesenen bzw. nicht belegten) Behauptungen in einer Diplomarbeit ist das Folgende:

...

Unser Jahrzehnt ist von zwei markanten Entwicklungen geprägt. Zunehmend machen sich Industrie und Wirtschaft die Naturressourcen zu Eigen. Andererseits wächst das Bewusstsein der Menschen über den Wert der Natur. Die Aufmerksamkeit richtet sich auf einen sparsameren Verbrauch; es gibt die Bestrebung, bei gleichbleibenden Wohlstand die Natur möglichst wenig zu beanspruchen.

...

Obwohl diese Äußerungen vermutlich richtig sind, gehören sie dennoch nicht in eine wissenschaftliche Arbeit. Nur bewiesene oder belegbare Aussagen sind nennenswert. Handelt es sich um ein Fazit oder um eine nicht verzichtbare Stellungnahme des Verfassers, ist diese als solche zu kennzeichnen. Eine Möglichkeit besteht darin, in den Satz "meines Erachtens" oder abgekürzt "m.E." einzufügen.

Ziel einer wissenschaftlichen Arbeit ist es nicht, Daten und Fakten zusammenzutragen. Es geht vielmehr darum, zwischen diesen Daten und Fakten Zusammenhänge zu erkennen, um daraus wiederum neue Erkenntnisse zu erschließen. **Daten und Fakten sind insofern keine Selbstzweck** sondern Argumentationsbasis.

Es hat sich als zweckmäßig erwiesen, an **Bekanntes anzuknüpfen**, um Unbekanntes zu erschließen. Komplexe Sachverhalte sollten schrittweise erarbeitet werden. Dazu kann das Mittel der didaktischen Vereinfachung gezielt eingesetzt werden. Der Autor sollte dabei allerdings die **Argumentationsrichtung** konsequent beibehalten. Also entweder „vom Allgemeinen zum Spezifischen" oder „vom Spezifischen zum Allgemeinen". Oft ist es angebracht, Querverbindungen zu benachbarten Fachgebieten herzustellen.

Werden aus einem Datenbestand **Schlussfolgerungen** gezogen, muss darauf geachtet werden, dass sie **logisch und korrekt** sind. Nicht immer sind unsinnige Aussagen so einfach zu erkennen, wie im folgenden Beispiel.

Beispiel: unlogische Schlussfolgerungen

Eine empirische Untersuchung hat gezeigt, dass jeder fünfte Deutsche mit einem Alter über 60 Jahre Rückenschmerzen hat. Daraus folgt (nicht zwangsläufig), dass jeder zehnte über 30 Jahre Rückenschmerzen haben muss und ferner, dass durchschnittlich sogar jeder zwanzigste über 15 Jahre davon betroffen ist.
Die Unterstellung einer linearen Abhängigkeit zwischen Alter und Anteil an der Bevölkerung ist in diesem Fall sicherlich ausgesprochen kühn.

Beispiel: logische Schlussfolgerungen

Mit der Kommission von Ware sind fünf Mitarbeiter 60 Stunden beschäftigt. Daraus lässt sich (richtigerweise) ableiten, dass zehn Mitarbeiter mit dieser Arbeit 30 Stunden und zwanzig Mitarbeiter damit 15 Stunden beschäftigt wären.

Es ist selbstverständlich, dass **objektiv, nachvollziehbar und unparteiisch argumentiert** werden muss. Es darf weder zugunsten einer Partei noch zu ungunsten dieser Seite argumentiert werden. Das gilt insbesondere dann, wenn rechtliche Sachverhalte aufzudecken und abzuklären sind. Die Überlegungen anderer Autoren müssen ihrer ursprünglichen Bedeutung entsprechend wiedergegeben werden. Sie dürfen nicht zurechtgeformt werden, damit sie besser in die eigene Argumentation passen. Es ist somit äußerst **gewissenhaft und seriös** zu arbeiten.

Jedem ist das Denken erlaubt, manchen bleibt es jedoch erspart. Wenn Sie nicht zu dieser Klasse von Menschen gehören, sollten Sie eine **eigene Meinung** vertreten. Sagen Sie auch, was Sie nicht für richtig halten, aber kritisieren Sie konstruktiv, d.h., bieten Sie Verbesserungsvorschläge an. Jede geäußerte Meinung muss jedoch aus dem Sachverhalt begründet sein, und Meinungen dürfen den Inhalt nicht dominieren, sondern müssen sich aus diesem ergeben. Aber aufpassen: Wenn sich die Arbeit zu einer politischen Rede statt zu einer wissenschaftlichen Arbeit entwickelt, haben Sie Ihren Auftrag verfehlt.

3.7.8   Formale Regeln und Empfehlungen

Hilfreich für das Anfertigen einer wissenschaftlichen Arbeit sind auch die folgenden, eher formalen Tipps:

Fachjargon und **Modewörter** sind ebenso zu vermeiden wie **übertreibende Ausdrucksweisen**, z.B. „enorm", „immens" oder „unglaublich". Auch haben **Füllwörter**, wie „ja", „nun" und "eigentlich", sowie **Argumentationsersatz-Wörter**, wie "natürlich", „sicherlich" und "selbstverständlich", in einer wissenschaftlichen Arbeit nichts zu suchen. Argumentationsersatz-Wörter können sogar gefährlich und provokant sein. Das gilt insbesondere dann, wenn die Auffassung des Verfassers falsch ist. Ebenso wenig können sie eine zwingende Begründung ersetzen. Also das Beste ist, ganz darauf zu verzichten.

Es ist nicht zu leugnen, dass die kritisierten Ausdrucksweisen gelegentlich in Lehrbüchern Verwendung finden. Aber denken Sie daran: *Sie schreiben kein Lehrbuch, sondern eine wissenschaftliche Arbeit.* Zum Vergleich eignen sich daher auch nur andere wissenschaftliche Arbeiten. Dazu zählen zum Beispiel Dissertationen, Habilitationen und diverse wissenschaftliche Zeitschriften wie "Betriebswirtschaftliche Forschung und Praxis (BFuP)", "Zeitschrift für betriebswirtschaftliche Forschung (ZfbF)" oder "Zeitschrift für Betriebswirtschaft (ZFB)". Zahlreiche andere Zeitschriften sind dagegen hinsichtlich der formalen Anforderungen und zum Teil auch hinsichtlich des methodischen Vorgehens als Vergleichsmaßstab weniger bis nicht geeignet und haben eher Lehrbuchcharakter, wie zum Beispiel "Das Wirtschaftsstudium (WISU)". Das bedeutet aber keineswegs, dass diese Literaturquellen nicht als Informationsmaterial dienen und auch nützlich sein können. Eine andere Zielgruppe und einen geringeren wissenschaftlichen Anspruch haben Zeitschriften wie „Manager-Magazin" und „Capital". Sie sind daher als Orientierungsmaßstab ungeeignet.

Fremdwörter bzw. fremdsprachliche Ausdrücke sind nur dort zu verwenden, wo sie wirklich notwendig sind und auch nur dann, wenn man sich ihres Sinnes sicher ist.

Beispiel für Wortverwechselungen

...

In den Fällen, in denen der Anwender eine Information bis hinunter zu einzelnen Datensätzen verfolgen möchte, ..., kann eine relationale Datenbank konsolidiert werden.

...

Statt „konsolidieren" hat der Student sicherlich „konsultieren" gemeint.

Nicht besonders elegant ist zudem die ständige Verschmelzung fremdsprachlicher Ausdrücke mit dem eigenen Text. Hingegen sind typische Fachausdrücke (*termini technici*) der Allgemeinen Betriebswirtschaftslehre und des speziellen Fachgebietes sachgerecht zu verwenden, so dass eine präzise und klare Ausdrucksweise erleichtert wird und der Bearbeiter die **Beherrschung der Fachterminologie** beweist. Gerade in der Anwendung der Fachausdrücke demonstriert der Autor seine Kenntnisse oder auch Unkenntnisse.

Der Verfasser sollte sich um eine **präzise und klare Ausdrucksweise** bemühen, was zudem die Möglichkeit eröffnet, mehr Inhaltliches zum Thema zu sagen.

Beispiele für unsaubere Ausdrucksweisen sind:

„Wert aller verbrauchten Güter und Dienstleistungen pro Periode ...". Güter ist der Oberbegriff von Sachgüter, Dienstleistungen und Rechte. Die häufig anzutreffende Formulierung „Güter und Dienstleistungen" ist daher genauso unlogisch, als ob man sagte: „Im Wald gibt es Bäume und Eichen".

"Nach Rücksprache mit der Stadt Erfurt ...". Mit einer Stadt kann man keine Rücksprache halten; gemeint sind hier sicherlich die Vertreter der Stadt Erfurt oder der Bürgermeister.

"Zum § 290 Absatz 1 HGB hat sich Schmalenbach wie folgt geäußert ...". Zu dem genannten Paragraphen hat sich Schmalenbach mit Sicherheit nicht geäußert, da er bei Entstehung der gesetzlichen Vorschrift leider nicht mehr gelebt hatte. Gemeint ist hier bestimmt eine Stellungnahme eines Arbeitskreises der Schmalenbach-Gesellschaft für Betriebswirtschaft.

„Weitere kurzfristig zu ergreifende Maßnahmen zur Steigerung der Liquidität des Unternehmens sind ...". Es ist nicht möglich die Liquidität zu steigern. Entweder ist das Unternehmen liquide oder nicht. Ein „bisschen mehr liquide" gibt es nicht.

„Es handelt sich hierbei um ein Defizit der Zahlungsbilanz ...". Da die Zahlungs- bilanz nach dem Prinzip der Doppik geführt wird, kann sie, wie jede andere Bi- lanz auch, in ihrer Gesamtheit niemals unausgeglichen sein. Gemeint ist hier si- cherlich ein Defizit innerhalb der Zahlungsbilanz, d.h. von Teilen der Zahlungs- bilanz.

„Die Geschäftsführer versuchen die Personalkosten kurzfristig zu reduzieren, be- vor sie das Unternehmen in die Illiquidität stürzen." Wer stürzt das Unternehmen in die Illiquidität: das Management oder die Personalkosten? In diesem Fall ist die Aussage doppeldeutig. Gleiches gilt auch für folgenden Satz: „Drei Manager sind von einem Schiff gerettet worden." War das Schiff nun der Grund oder das Instrument der Rettung?

Ebenso unglücklich ist der folgende Satzaufbau: "Als Beispiel für Instandhal- tungsaufwendungen kommen beispielsweise ... in Frage." Einmal „Beispiel" hätte hier völlig ausgereicht.

Neben einer unpräzisen respektive unklaren Ausdrucksweise ist auch **Weitschweifig- keit** in einer wissenschaftlichen Arbeit zu unterlassen. So wird beispielsweise einer Unternehmung nicht "das Leben ausgehaucht", sondern es wird in der Betriebswirt- schaftslehre schlicht und einfach "liquidiert" oder „es wird insolvent". Auch folgender Satz einer Studentin endet umgangssprachlich: "Der Betriebserfolg der Gewinn- und Verlustrechnung hat sich in empirischen Untersuchungen als Krisensignalwert für dro- hende Insolvenzen entpuppt." Besser wäre hier sicherlich "... als Krisensignalwert für drohende Insolvenzen herausgestellt" oder Ähnliches. Sehr kriegerisch ist folgende Ausdrucksweise eines Studenten: „Die Liquidität ist dann soweit gesichert, dass die Be- kämpfung der Forderungsausfälle als krisenauslösende Ursachen in Angriff genommen werden kann." Hier wird eine Bekämpfung in Angriff genommen; der Feind ist der Forderungsausfall. Manche pseudo-wissenschaftlichen Arbeiten lesen sich wie Romane, was nicht der Sinn eines solchen Werkes sein kann.

Ebenfalls ein Zeichen für eine unpräzise Ausdrucksweise ist die oft anzutreffende **Verstümmelung von Wörtern**. Aus angeblichen Vereinfachungsgründen werden häufig genannte Wörter verkürzt. Zum Beispiel machte eine Diplomandin aus "Konzernabschlussanalyse" im Textteil regelmäßig "Konzernanalyse". Eine derartige Vereinfachung ist unzulässig, da dadurch der Sinnzusammenhang geändert wird. Eine "Konzernanalyse" ist unter Fachleuten etwas anderes als eine "Konzernabschlussanalyse". Fraglich ist zudem, ob es sich bei dieser Verstümmelung überhaupt um eine merkbare Vereinfachung handelt.

Das Gegenteil von Verstümmelungen sind **Wortbandwürmer** wie etwa „Verwaltungsgemeinkostenzuschlagssatz" oder „Jahresabschlussanalyse-Strukturbilanz". Auch so etwas ist äußerst unschön und durch die Länge allein noch nicht wissenschaftlich.

„Und der Geist Gottes schwebte über den Wassern" heißt es in der Bibel, und nicht „es erfolgte die Schwebung des Geistes seitens Gottes". Keiner verlangt, dass Sie die Bibel neu schreiben oder eine neue Religion gründen sollen, allerdings sollten Sie „Dummdeutsch" in Form von **unnötiger Substantivierung** vermeiden. Schreiben Sie in Verben, das klingt dynamischer und moderner.

Rechtschreibung, Interpunktion und Grammatik müssen der jeweils neuesten Ausgabe des **Duden** entsprechen. Beachtet werden muss dabei die neue Rechtschreibreform. Am 1. August 1998 trat die Rechtschreibreform in Kraft. Typische alte und/ oder neue Fehlerquellen sind:

typische Fehler	richtig bis 8/1998	richtig ab 8/1998
als ganzes	als Ganzes	als Ganzes
desweiteren	des weiteren	des Weiteren
Einkommenssteuer*	Einkommensteuer	Einkommensteuer
einzigsten	einzigen	einzigen
Eleminierung	Eliminierung	Eliminierung
im Allgemeinen	im allgemeinen	im Allgemeinen
im Ganzen	im ganzen	im Ganzen
im vorraus	im voraus	im Voraus
in Bezug auf	in bezug auf	in Bezug auf

in Hinblick auf	im Hinblick auf	im Hinblick auf
kummuliert	kumuliert	kumuliert
nochmal	noch einmal	noch einmal
nummerieren	numerieren	nummerieren
platzieren	plazieren	platzieren
Reperaturabteilung	Reparaturabteilung	Reparaturabteilung
seitens dem ...	seitens des ...	seitens des ...
selbstständig	selbständig	selbstständig
seperat	separat	separat
subsummieren	subsumieren	subsumieren
Unkosten*	Kosten	Kosten
Verbrauchssteuer*	Verbrauchsteuer	Verbrauchsteuer
verbuchen*	buchen	buchen
wegen dem ...	wegen des ...	wegen des ...

*   umgangssprachlich gebräuchlich, fachsprachlich falsch

Eine Synopse wichtiger Änderungen durch die Rechtschreibreform befindet sich im Anhang des Heftes.

Dass orthographische Fehler einschließlich Fehler der Silbentrennung auch zu Sinnänderungen führen können, zeigen folgende Beispiele:

gewollter Begriff	geschriebener Begriff
Ur-Instinkt	Urin stinkt
Liebe Genossen	Liebe genossen
allein stehend	alleinstehend

Es empfiehlt sich dringend, den Text vor Abgabe noch einmal **von einem Kommilitonen oder Bekannten durchlesen** zu lassen. Dieser muss nicht unbedingt Betriebswirtschaft studiert haben oder noch studieren. Gelegentlich ist es sogar besser, wenn ein Nicht-BWLer den Text auf grammatikalische, orthographische und sonstige formale Fehler sowie Flüchtigkeitsfehler und Ausdruck durcharbeitet. Außenstehende erkennen solche Schwächen meist leichter, da man selbst in der Zwischenzeit mehr oder weniger „textblind" geworden ist. Man kennt die Textpassagen in- und auswendig und verliert das Gespür für Unregelmäßigkeiten und Ungereimtheiten. Alle Textstellen, die den Lektor nicht auf Anhieb überzeugen, sollten noch einmal umformuliert werden.

Eine schnelle und wertvolle Rechtschreibhilfe bieten auch moderne Textverarbeitungssysteme wie MS Word, die eine automatische Fehleranzeige integriert haben.

Als abschreckendes <u>Beispiel</u> soll noch ein Auszug aus einer Praktikumsarbeit angefügt
werden:

...

In der starren Plankostenrechung werden für jede Kostenstelle die Plankoten
lediglich für ein einzigen konstant   gehaltenen Beschäftigungsgrad , nähmlich
der Planbeschäftig-ung, ermittelt. Differrenziert wird also nur nach Kostenarten
und Kostenstellen. In der Abrechnungsperiode erfolgt jedoch keine Umrechnung
der Plankosten auf die jeweilige Ist-Beschäftigung, d.h. die starre Plankostenrechnung kennt im Unterschied zur flexiblen Plankostenrechnung keine
Solllkosten.

...

So etwas ist natürlich eine Zumutung für den Leser und führt nicht selten zum Abbruch
der Korrektur bereits nach den ersten Seiten.

Der Verfasser sollte sich ferner um einen **klaren und sinnigen Satzbau** bemühen. Zu
empfehlen sind kurze, klare und unverschachtelte Sätze. Schachtelsätze strapazieren das
Kurzzeitgedächtnis und sind daher in mehrere überschaubare Sätze zu zerlegen. Beige-
ordnete Nebensätze können oft in Hauptsätze umformuliert werden. Werden Nebensätze verwandt, ist auf eindeutige Bezüge zu achten.

<u>Beispiel</u> für einen unzumutbaren Schachtelsatz aus einer Seminararbeit

---

...

Heutzutage hat sich die Erkenntnis durchgesetzt, dass indirekte Bezugsgrößen,
ebenso wie der abqualifizierte Fertigungslohn, als Basis für Gemeinkostenzu-
schläge zu falschen Ergebnissen führen können, weshalb immer mehr Unter-

nehmen dazu übergehen, auch indirekte Gemeinkostenbereiche – und dazu zählen insbesondere die Verwaltungsbereiche – nach repetitiven Tätigkeiten zu untersuchen, deren Kosten man als Vorgangskalkulation einzelner Prozesse planen, steuern und abrechnen kann.

...

Ein Text kann verständlich, aber dennoch langweilig sein, wenn ihm Stimulanzien fehlen. Unter **Stimulansen** versteht man die Merkmale eines Textes, die eine motivierende Wirkung haben. Dazu zählen beispielsweise anschauliche Darstellungen mit einer bildhaften Sprache, rhetorische Geschicklichkeit, Vergleiche und Analogien sowie Text-Bild-Kombinationen. Allerdings ist Humor in Form von Auflockerungsversuchen durch Anekdoten, Sprachspiele oder ironische Anmerkungen in einer wissenschaftlichen Arbeit untersagt.

Verständliche und anschauliche **Abbildungen** sowie zweckdienliche Zusammenfassungen umfangreicher Datensammlungen in **tabellarischer Form** erleichtern den Umgang mit dem speziellen Thema. Jede Visualisierung von Zusammenhängen erhöht prinzipiell die Anschaulichkeit. Bilder können bestimmte Informationen wirksamer vermitteln als umständliche Beschreibungen. Es muss daher genau überlegt werden, welche Informationen besser in einer Übersicht und welche besser in Textform aufgehoben sind. Aber auch hier gilt wieder: Mit der Anzahl der Übersichten nicht übertreiben! *Eine wissenschaftliche Hausarbeit ist kein Bilderbuch.* Der übermäßige Einsatz bunter Bilder und zu viel typographische Unruhe passen zudem schlecht zum Fachgebiet Steuern, Rechnungswesen und Controlling. Weniger ist also gelegentlich mehr!

Jede Abbildung bzw. Tabelle muss aber – auch wenn in der Praktikums-, Seminar-, Bachelor-, Master- oder Diplomarbeit nur eine solche Darstellung vorhanden ist – eine **nummerierte Überschrift** tragen, die den Inhalt der Aufzeichnung klar und eindeutig wiedergibt. Unzulässig ist es, die Quellenangabe zu einer Abbildung oder Tabelle im Fußnotenteil unterzubringen. Die **Quellenangaben** für Abbildungen und Tabellen gehören immer direkt unter die jeweilige Darstellung.

Beispiele: Richtige Beschriftungen einer Abbildung

Übersicht 4: Abgrenzung zwischen Aufwand und Kosten

Gesamter Aufwand			
neutraler	Zweckaufwand		
Aufwand	als Kosten verrechneter Zweckaufwand	nicht als Kosten verrechneter Zweckaufwand	
	Grund-	Anderskosten	Zusatzkosten
	kosten	Kalkulatorische Kosten	
	Gesamte Kosten		

Quelle: Haberstock, L.: Kostenrechnung I, S. 36

Oder, falls die Abbildung nicht wörtlich, sondern mit einigen Änderungen über-nommen wurde:

<u>Abb. 2/1:</u> Konzernunternehmen und Konsolidierungsmethode

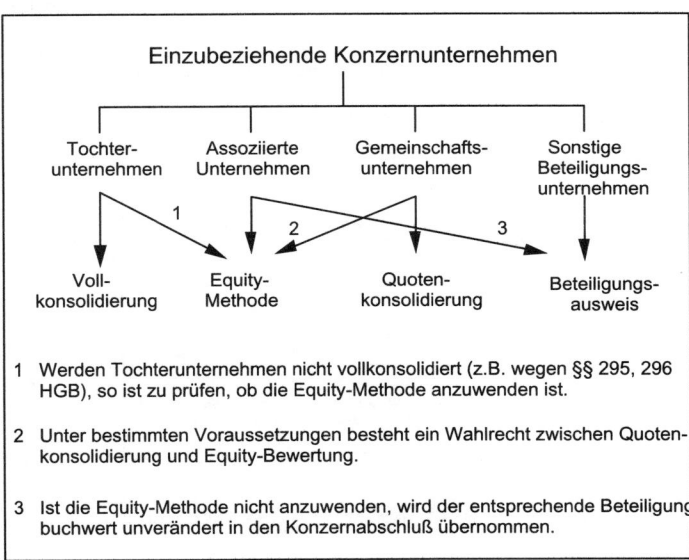

Quelle: In Anlehnung an Küting, K./Weber, C.-P./Zündorf, H. (1990), S. 76

Falsch sind auf alle Fälle folgende Vorgehensweisen:

Übersicht 4: Abgrenzung zwischen Aufwand und Kosten[17)]

Gesamter Aufwand			
neutraler	Zweckaufwand		
Aufwand	als Kosten verrechneter Zweckaufwand	nicht als Kosten verrechneter Zweckaufwand	
	Grund-	Anderskosten	Zusatzkosten
	kosten	Kalkulatorische Kosten	
	Gesamte Kosten		

und in der Fußnote steht dann:

17)   Haberstock, L.: Kostenrechnung I, S. 36

Ebenso unschön ist eine andere von den Studenten häufig benutzte Kombination:

<u>Abb. 2/1:</u> Konzernunternehmen und Konsolidierungsmethode

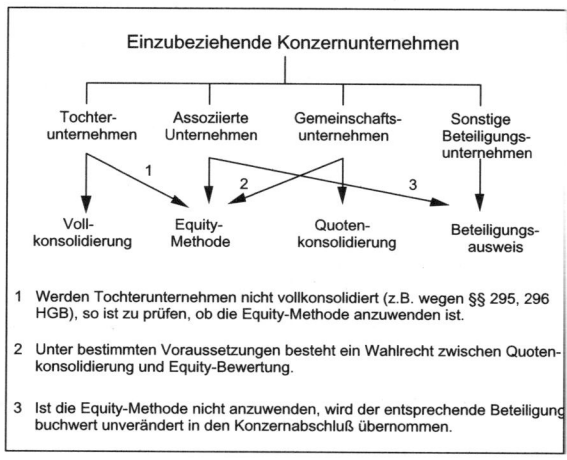

Vgl. Küting, K./Weber, C.-P./Zündorf, H. (1990), S. 76

Ist die Abbildung vom Studenten selbst entwickelt worden, kann dies durch die Angabe „Quelle: Eigene Darstellung" kenntlich gemacht werden.

Abbildungen und Tabellen sollten prinzipiell allein verständlich sein, aber auch zusätzlich im Text erläutert werden. Der Leser muss sowohl den Sinn als auch den Inhalt der Abbildung bzw. Tabelle leicht erkennen können.

Zu den **Gliederungspunkten und Überschriften** wurde bereit anfangs Grundsätzliches festgehalten. An dieser Stelle lässt sich allerdings noch Folgendes ergänzen: Alle Überschriften sind im Ausführungsteil linksbündig zu schreiben. Die Gliederungsebene kann zusätzlich durch Hervorhebungen wie Fettdruck, Kursivdruck oder Unterstreichungen betont werden. Bei Unterstreichungen ist aber zu bedenken, dass diese von den meisten Lesern als störend empfunden werden. Favorisiert wird im Allgemeinen der Fettdruck. Auch können Überschriften durch eine andere Schriftart und -größe sowie – je nach Hierarchieebene – mit erweiterten Abständen zum vorhergehenden und zum nachfolgenden Absatz kenntlich gemacht werden.

Streng gliederungstechnisch betrachtet darf zwischen einem **Gliederungspunkt und dem nächst folgenden Unterpunkt** kein Text stehen, z.B. zwischen „4 Verfahren der Währungsumrechnung" und „4.1 Einheitliche Stichtagskursmethode". Wird dazwischen Text erforderlich, so muss ein neuer Unterpunkt eingefügt werden; die anderen müssen entsprechend weitergerückt werden, z.B. „4 Verfahren der Währungsumrechnung", „4.1 Einführung in die Währungsumrechnung" und „4.2 Einheitliche Stichtagskursmethode". Oftmals genügt aber ein einleitender Satz oder ein kleiner zum Kapitel hinführender Absatz. In solchen Fällen braucht meines Erachtens noch kein eigenständiger Unterpunkt eröffnet zu werden. Die Einführung kurzer Anmerkungen zwischen Haupt- und Unterpunkten sind also gestattet, sofern dieses nicht übertrieben wird. Inhaltlich eigenbesetzte Texte verbietet die Gliederungslogik.

Beispiel: Erlaubte Einführung eines Unterpunktes

...

4   Verfahren der Währungsumrechnung

In der Praxis und wirtschaftswissenschaftlichen Literatur findet man eine Vielzahl gleichberechtigt nebeneinander stehender Umrechnungsverfahren mit einheitlichen und

---

differenzierten Kursen, die im Folgenden ausführlich beschrieben und im Hinblick auf
die Generalnorm analysiert werden sollen.

4.1   Einheitliche Stichtagskursmethode

...

Nie sollte der Autor durch Pro-Formen, wie z.B. "dies", "hiermit" und "dadurch", in der
ersten Textzeile **auf die Überschrift Bezug nehmen**. Selbst eine unmittelbare Wortwiederholung muss in Kauf genommen werden, wenn einem nichts Besseres einfällt.

Beispiel: Unzulässiger Bezug auf Überschrift

4.3.2   Kalkulatorische Kosten

Dies sind Kostenarten, die in der Finanzbuchhaltung entweder überhaupt nicht
oder in anderer Höhe als Aufwandsarten auftreten. ...

Beispiel: Zulässige Wortwiederholung

4.3.2   Kalkulatorische Kosten

Kalkulatorische Kosten sind Kostenarten, die in der Finanzbuchhaltung entweder
überhaupt nicht oder in anderer Höhe als Aufwandsarten auftreten. ...

Die einzelnen Teile und Kapitel der Arbeit sollten durch **geeignete Übergänge** so verbunden werden, dass der logische Ablauf erkennbar wird. Schon wenige Verbindungs-
bzw. Übergangssätze sind hier für den Leser oft eine wertvolle Hilfe. Der Text soll als
Ganzes aus sich selbst heraus verständlich sein. Daher sind Querverweise, selbst innerhalb der Arbeit, meist unzweckmäßig.

Moderne Soft- und Hardware verführt viele Verfasser, die Form über den Inhalt zu
stellen.   Hervorhebungen wie **Fettdruck**, <u>Unterstreichungen</u>, GROSSBUCHSTABEN
und *kursive Schriften* sowie Kombinationen aus diesen sollten auf wichtige und wenige
Ausdrücke beschränkt bleiben. Zudem bringen die elektronischen Medien die Option
der Farbigkeit. Aber auch diese sollte nur dezent eingesetzt werden, z.B. in Tabellen
oder Grafiken. Präsentieren Sie keinen Farbrausch! *Versuchen Sie nicht, dem Leser vor-*

zuführen, was Ihr Schreibprogramm alles kann! Auch hierin unterscheiden sich wissenschaftliche Arbeiten von Lehr- und Studienbüchern.

> Hervorhebungen und Farbgestaltungen erleichtern das Lesen, dürfen aber nicht inflationär angewendet werden.

Mit Sicherheit übertrieben ist der folgende Absatz aus einer Seminararbeit.

Beispiel: Übertriebener Gebrauch von Hervorhebungen

...

Neben dem Begriff der **Prozesskostenrechnung** ist der Termini "**Target Costing**" (oder "**Zielkostenrechnung**") ein weiteres Schlagwort im Bereich der betrieblichen Kosten- und Leistungsrechnung. Es handelt sich beim **Target Costing** um ein umfassendes *Kostenplanungs-, -kontroll- und -steuerungsinstrument*, das so genannte strategische **Zielkostenmanagement**. Es ist ein ursprünglich aus Japan stammender Ansatz zur Entwicklung von *marktgerechten Produkten*, der im Zusammenhang mit der *Kostenermittlung bei Produktplanung* zunehmend an Bedeutung gewonnen hat.

...

Im Ausführungsteil von wissenschaftlichen Arbeiten ist die auktoriale "**Ich-Form**" (mich, mein) unzulässig und die Verwendung des Pluralis maiestatis "**Wir-Form**" (uns, unser) zu vermeiden. Letzteres gilt auch dann, wenn ein Autorenteam die Arbeit angefertigt hat. Wenn Ansichten, Erfahrungen oder Meinungen des Verfassers geäußert werden, so sind Formulierungen wie "nach Ansicht des Verfassers" oder "m.E." (meines Erachtens) gebräuchlich, aber auch Passiv- oder Konjunktiv-Konstruktionen wie "Es wird darauf hingewiesen" oder "Es sei noch erwähnt" sind denkbar. Die „Ich-Form" lässt sich auch stillos durch das Pronomen „man" umgehen.

3.8 Fußnotentechnik

Fußnoten werden von vielen Autoren als Last und als Behinderung empfunden. Auch Leser kritisieren die Fußnoten mit dem Argument, diese würden den fließenden Text unterbrechen und damit den Lesefluss stören. Beide Behauptungen sind nicht ganz unbegründet. Dennoch sind Fußnoten insbesondere in wissenschaftlichen Arbeiten besonders wertvoll und haben wichtige Aufgaben zu erfüllen. Fußnoten haben nämlich die **Funktionen**

☞ Hinweise auf Quellen zu geben, um sich nicht dem Vorwurf des Plagiats (lat. plagiatius = Seelenräuber) bzw. der mangelnden Sorgfalt auszusetzen,

☞ Hinweise auf Fundstellen zu geben, um den interessierten Leser bei der tiefergehenden Analyse einzelner Ausführungen zu unterstützen, sowie

☞ zusätzliche Anmerkungen aufzunehmen, die für die Bearbeitung des Themas sinnvoll erscheinen, aber den laufenden Text stören würden.

Da nur die wenigsten Verfasser vollständige Originalität für sich in Anspruch nehmen können, sind Quellenangaben in den **Fußnoten unentbehrlich**. Sehr verbreitet, insbesondere unter Praktikern, ist der Irrglaube, dass bei einem aus Erfahrungen gewonnenen und aus Gelesenem und Gehörtem zusammengestellten Text keine Notwendigkeit bestünde, Fußnoten anzubringen.

Mit mangelnder Originalität des Textes hat die Anwendung von Fußnoten nichts zu tun, sofern sich der Verfasser nicht nur darauf beschränkt, fremde Argumente kommentarlos aneinander zu reihen. „Die kreative Neukombination, Ergänzung und Erweiterung von Gedanken im Hinblick auf neue Fragestellungen oder mit Absicht auf neue Antworten ist eine schöpferische Leistung, die nicht durch die Angabe der Grundlagen geschmälert wird." (Behrens, Ch.-U. (1989), S. 95)

Hinsichtlich der Verwendung und des Einbaus fremden geistigen Eigentums lassen sich folgende fünf **Grundregeln** festhalten:

(1)   Es versteht sich von selbst, dass alle wörtlich oder sinngemäß übernommenen Texte oder Textteile zitiert werden müssen, d.h., es ist auf eine **vollständige Quellenangabe** zu achten, sobald Gedanken anderer Autoren aufgenommen werden. Anhand der Fußnoten muss eindeutig erkennbar sein, welche Ausführungen vom Studenten selbst und welche aus anderen Quellen stammen. Werden andere

Fundstellen benutzt, müssen exakte und vollständige Angaben über die Herkunft gemacht werden.

(2) Trotz der unter Umständen zahlreichen Fußnoten muss der **Text weiterhin flüssig lesbar und informativ** bleiben. Er hat sich auch ohne Fußnoten als uneingeschränkt **verständlich und geschlossen** zu präsentieren. Fußnoten dürfen nicht zum Unterbrechen zwingen, sondern sollen lediglich ein Zusatzangebot an den interessierten Leser sein, das wahrgenommen werden kann aber nicht muss.

(3) **Überflüssig sind Literaturhinweise** bei geäußerten Ansichten, die selbstverständlich oder seit Jahrzehnten unangefochten sind. Gleiches gilt für Rechtsprechungsnachweise zur Bekräftigung einer klaren Gesetzesaussage. Hier muss der Verfasser ein gewisses Gefühl dafür entwickeln, um entscheiden zu können, was zitierfähig ist und was nicht. Ein Gefühl dafür bekommt man am besten durch v i e l Lesen insbesondere in Fach- und Forschungszeitschriften, Dissertationen und Habilitationen, auch wenn das manchmal sehr anstrengend sein kann. Im Zweifelsfall gilt: *Lieber ein Zitat zu viel als zu wenig!*

(4) „Fußnoten sind .. keine Sammelbecken der Mitteilsamkeit, in denen alle möglichen Notizen und Lesefrüchte untergebracht werden können. Ihre textergänzenden und texterweiternden Funktionen sind nicht Selbstzweck. Jede Fußnote muss im Hinblick auf den gesamten Text ausgerichtet und angemessen sein." (Niederhauser, J. (2006), S. 36).

(5) Die Literatur sollte kritisch analysiert und in angemessener Weise zum Belegen **eigener Gedanken** verwandt werden. Der Verfasser sollte sich nicht hinter der Literatur verstecken und Meinung an Meinung reihen. Bei zu vielen aneinandergereihten wörtlichen und sinngemäßen Zitaten spricht der Gutachter von einer „kompilativen" Arbeit. Eine kompilative Arbeit ist eine Arbeit, die auf unschöpferisches bloßes Abschreiben und Übernehmen bzw. auf Zusammentragen unverarbeiteten Stoffes zurückzuführen ist und insofern keinen wissenschaftlichen Wert aufweist. Jede wissenschaftliche Arbeit sollte neue Informationen oder Erkenntnisse bringen. Das eigentliche Ziel der Untersuchung darf dabei nicht aus den Augen verloren werden.

Bevor als Nächstes auf die formalen Anforderungen näher eingegangen wird, soll vorab noch ein wichtiges Problem angesprochen werden: **Nicht alles, was irgendwo geschrieben steht, ist auch richtig!** Selbst erfahrene Fachexperten sind nicht unfehlbar. Vielen Studenten fehlt noch die notwendige kritische Auseinandersetzung mit der Literatur. Der Studierende sollte nicht immer alles glauben, was er liest. Besser ist es, kritisch zu lesen und das Gelesene regelmäßig in Frage zu stellen. Man muss lernen – und das möglichst früh im Studium – zwischen sachlicher Information und wissenschaftlicher Erkenntnis einerseits und Interpretation, persönlicher Meinung, Spekulation und Utopien andererseits zu unterscheiden; und auch das geht wieder am besten durch v i e l Lesen.

So nun aber zu den formalen Anforderungen: Die zu Beginn genannten Aufgaben können nur erfüllt werden, wenn die **Fußnotentechnik** auch formal richtig eingesetzt wird. Zwar existieren keine verbindlichen Vorschriften, doch haben sich im Hochschulwesen bestimmte Formalia herausgebildet, die es im Folgenden vorzustellen gilt.

Auffassungen, Forschungsergebnisse und Formulierungen anderer Autoren, die in die Praktikums-, Seminar- oder Abschlussarbeit übernommen werden, sind an der jeweiligen Stelle zu kennzeichnen und möglichst **auf der gleichen Seite** zu zitieren. Das erlaubt eine flüssigere Bearbeitung der Ausführungen. Die Fußnoten werden üblicherweise durch einen waagrechten Strich (ca. 1/3 der Breite des Schriftspiegels) vom Textteil der Seite abgegrenzt. Jeder Fußnote wird eine fortlaufende Nummer vorangestellt, die mit der hochgestellten Zahl im Textteil übereinstimmt. Die Nummerierung kann auf jeder Seite oder bei jedem Kapitel neu erfolgen oder sich fortlaufend auf die gesamte Arbeit erstrecken. Die Möglichkeit, die Fußnoten gesamthaft an den Schluss des Ausführungsteiles zu hängen, wird aufgrund der Leseunfreundlichkeit mehrheitlich abgelehnt. Die Schrift der Fußnoten wird zweckmäßigerweise kleiner gewählt als die des Textes, auch der Zeilenabstand soll sich hier auf eine Zeile beschränken. Jede Fußnote beginnt mit einem Großbuchstaben und endet mit einem Punkt.

Gelegentlich wird in der Literatur die *textintegrierte Zitierform* als Alternative zu den Fußnotenausweisen vorgeschlagen (siehe hierzu Niederhauser, J. (2000), S. 26 f.). Da diese sog. „Harvard"-Zitiertechnik aber m.E. unübersichtlich ist und den Lesefluss stört, wird sie von mir nicht empfohlen. In dem vorliegenden Anleitungsbuch wurde allerdings der textintegrierten Zitierform den Vorzug gegeben, weil es sich hier um keine wissenschaftliche Arbeit handelt und die Quellenangaben auf ein Minimum beschränkt wurden.

Die Ausgestaltung der Fußnote kann auf zweierlei Art und Weise erfolgen. Die eine Variante wird als Vollbeleg, die andere als Kurzbeleg bezeichnet. Beim **Vollbeleg** sind alle bibliographischen Informationen, die im Literaturverzeichnis abgedruckt sind, auch in der Fußnote enthalten. Da aber zu jeder Prüfungsarbeit ein vollständiges Literaturverzeichnis gehört, genügt im Text die verkürzte Zitierweise (Kurzbeleg). Ziel des **Kurzbelegs** ist es, den Fußnotenumfang überschaubar zu halten. Diesem Ziel genügen unterschiedliche Formen von Kurzbelegen. Beim sog. *erweiterten Kurzbeleg* brauchen im Beleg nur enthalten zu sein:

Name, Vorname (evtl. abgekürzt): **Titelstichwort, Erscheinungsjahr, Seite(n)**

Beispiele:

---

1)   Vgl. Wöhe, G.: Betriebswirtschaftslehre, 1981, S. 34 f.
2)   Vgl. Gräfer, H./Scheld, G. A.: Konzernrechnungslegung, 1999, S. 189.

Bei jeder Titelangabe im Literaturverzeichnis muss dann das Titelstichwort durch Kursiv- oder Fettschrift hervorgehoben werden. Werden mehrere Werke eines Autors benutzt, müssen auch verschiedene Stichworte gewählt werden.

Empfehlenswert ist der sog. *reine Kurzbeleg*, der auch als Autor-Jahr-Beleg, Harvard-Zitiersystem oder amerikanischer Beleg bezeichnet wird. Auf jede Quelle wird im Ausführungsteil der Arbeit mit Autornamen (evtl. abgekürztem Vornamen) und Erscheinungsjahr verwiesen.

Name, Vorname (abgekürzt), **Erscheinungsjahr, Seite(n)**

Beispiele:

---

3)   Vgl. Assfalg, H., 1982, S. 25 ff.
4)   Vgl. Buchholz, R., 1987, S. 264

oder mit Klammern

---

5)   Vgl. Wöhe, G. (1981), S. 34 f.

oder ohne Vornamensabkürzung (mit oder ohne Klammern)

---

6)   Vgl. Reichmann (1993), S. 407 ff.
7)   Vgl. Küting/Weber (1990), S. 54.

Bei den letzten Varianten des Kurzbeleges (ohne Titelstichwort) ist eine **Besonderheit bei den Jahresangaben** zu beachten. Sind verschiedene Quellen eines Autors anzugeben und mehrere Quellen zudem noch im gleichen Jahr veröffentlicht worden, folgt nach der ersten Jahreszahl eine fortlaufende alphabetische Unterscheidung, z.B. "2008", "2008a", "2008b" usw. Diese muss natürlich im Literaturverzeichnis wieder auftauchen, um die Quellenangabe identifizieren zu können.

Bei **Aufsätzen in Zeitschriften** sollte zusätzlich die betreffende Zeitschrift mit abgekürztem Namen, Jahrgang und Nummer genannt werden. Die Heftnummer ist immer dann zwingend, wenn die Seitenzahlen der Jahrgänge nicht vollständig durchnummeriert werden, d.h., jede Ausgabe beginnt mit der Seite 1. Gelegentlich wird bei Zitaten aus Zeitschriften die Abkürzung „S." vor der Seitenzahl auch weggelassen, d.h., die Seitenzahl folgt unmittelbar dem vorangehenden Komma.

Beispiele:

----

8)   Vgl. Küting, K.: Jahresabschlußanalyse, in: DStR, 1986, S. 12 f.

9)   Vgl. Scheld, G.A./Demming, C.: Fundamentale Aktienanalyse, in: WISU, 1993, S. 298 ff.

10)   Vgl. Slapnicar, W.: Die Diplomarbeit im Fadenkreuz des Urheberrechts, in: Die neue Hochschule, 1996, Heft 4/5, S. 31.

oder ohne Vorname, Titelstichwort und „S."

----

11)   Vgl. Moxter, BB 1997, 722.

12)   Vgl. Küting, DStR 1986, 12 f.

Um einen einheitlichen Buch- und Aufsatzbeleg zu wahren, ist auch folgende Zitierweise bei Aufsätzen denkbar:

----

13)   Vgl. Gebhardt (BB 1999), S. 1315.

14)   Vgl. Grund (DB 1996), S. 1294 f.

Soll auf mehrere Seiten verwiesen werden, so ist dieses je nach Seitenumfang durch "**f.**" (= folgende Seite) oder "**ff.**" (= fortfolgende Seiten) zu kennzeichnen. Lesefreundlicher sind jedoch Verweise mit genauen Seitenzahlen, z.B. **S. 75 – 77**. Denn je präziser ein Verweis ist, desto nützlicher ist er für den Leser.

Es versteht sich von selbst, dass eine **einmal gewählte Zitiertechnik auch konsequent durchgehalten** werden muss! Dies gilt auch für den formalen Aufbau der Quellenangaben bei Abbildungen und Tabellen.

Bezieht sich die Fußnote auf ein bestimmtes Schlagwort im Text, so folgt sie diesem Wort direkt. Ähnliches gilt für Aussagen von im Ausführungsteil erwähnten Autoren. Soll hingegen ein ganzer Satz oder ein Abschnitt gekennzeichnet werden, so folgt die Fußnote dem abschließenden Satzzeichen. Eine Fußnote am Ende eines Absatzes – bestehend aus mehreren Sätzen – ist nur zulässig, wenn der Inhalt des gesamten Absatzes aus einer Quelle stammt. Das Aufzählen aller Quellenangaben, die in einem Absatz verarbeitet wurden, in einer einzigen Fußnote ist nicht erlaubt. In einem solchen Fall sind mehrere Fußnoten unbedingt erforderlich.

Beispiele:

Im Folgenden wird der Begriff des Realkapitals[15] als Synonym zu Produktionskapazität und Produktionsmittel gebraucht.

Ebenso befasst sich auch die Arbeit von *Jutz*[16] mit der Bilanzierung von Swaps und Financial Futures in Jahresabschlüssen.

Rückstellungen sind Verbindlichkeiten, die dem Grunde nach eindeutig bestimmbar, deren betragsmäßige Höhe und Fälligkeitszeitpunkt aber unbestimmt sind.[17]

In den entsprechenden Fußnoten erscheinen dann beispielsweise:

----

15)   Darunter fallen z.B. Anlagen, Maschinen, Gebäude, aber auch Patente etc.

16)   Jutz, M.: Swaps und Financial Futures, 1989.

17)   Vgl. Gabele, E.: Buchführung, 1991, S. 204.

Bei sinngemäßen **Aufzählungen** sollte die Literaturherkunft hinter den Doppelpunkt des einführenden Satzes kommen und nicht erst hinter dem letzten Aufzählungspunkt. Das gilt aber nur dann, wenn die einzelnen Elemente in der Aufzählung allesamt aus derselben Quelle stammen. Falls die Punkte aus unterschiedlichen Quellen entnommen sind, muss die Fußnote unmittelbar dem jeweiligen Aufzählungspunkt folgen.

Beispiel: Aufzählung aus einer Quelle

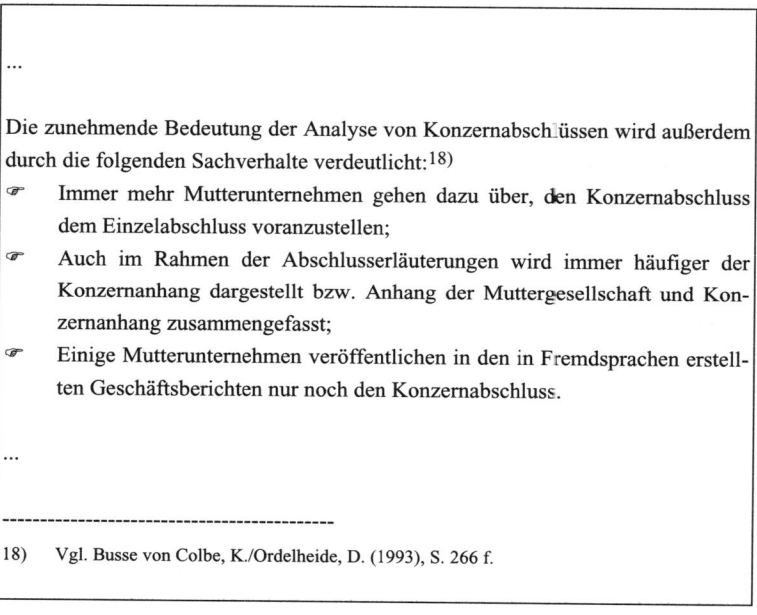

...

Die zunehmende Bedeutung der Analyse von Konzernabschlüssen wird außerdem durch die folgenden Sachverhalte verdeutlicht:[18]

☞   Immer mehr Mutterunternehmen gehen dazu über, den Konzernabschluss dem Einzelabschluss voranzustellen;

☞   Auch im Rahmen der Abschlusserläuterungen wird immer häufiger der Konzernanhang dargestellt bzw. Anhang der Muttergesellschaft und Konzernanhang zusammengefasst;

☞   Einige Mutterunternehmen veröffentlichen in den in Fremdsprachen erstellten Geschäftsberichten nur noch den Konzernabschluss.

...

----

[18]   Vgl. Busse von Colbe, K./Ordelheide, D. (1993), S. 266 f.

Nicht erlaubt – wenn auch unter den Studierenden weit verbreitet – ist die folgende Variante:

...

Die zunehmende Bedeutung der Analyse von Konzernabschlüssen wird außerdem durch die folgenden Sachverhalte verdeutlicht:

☞   Immer mehr Mutterunternehmen gehen dazu über, den Konzernabschluss dem Einzelabschluss voranzustellen;

☞   Auch im Rahmen der Abschlusserläuterungen wird immer häufiger der Konzernanhang dargestellt bzw. Anhang der Muttergesellschaft und Konzernanhang zusammengefasst;

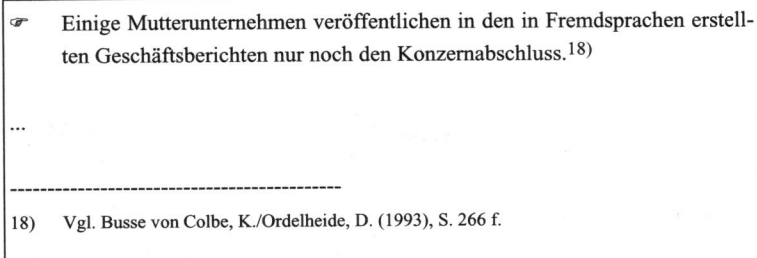

Abkürzungen wie "ibid", "l.c." bzw. „loc.cit.", „ebd." bzw. "ebenda", "a.a.O." oder "ders." bzw. „dies." halte ich für veraltet und zudem unangebracht, sind aber allgemein erlaubt und verbreitet. Wird auf das gleiche Werk eines Verfassers mehrmals zurückgegriffen, sollte – so meine Meinung – jedes mal der **Kurzbeleg wiederholt werden**. Diese Arbeit lohnt sich. Das gilt auch dann, wenn die gleiche Fußnote öfters hintereinander erscheint.

<u>Beispiel:</u>

----
19)   Vgl. Mag, W.: Mehrfachziele, 1976, S. 53.
20)   Vgl. Mag, W.: Mehrfachziele, 1976, S. 51 oder Raffée, H.: Grundprobleme, 1974, S. 124.
21)   Vgl. Mag, W.: Mehrfachziele, 1976, S. 51.
22)   Vgl. Mag, W.: Mehrfachziele, 1976, S. 51.

Sollen Argumente untermauert werden, macht es Sinn, **Mehrfachzitate** in einer Fußnote anzugeben. Beginnt ein Text beispielsweise mit: „In der Fachliteratur wird oft darauf hingewiesen, dass ...", so verlangt dies gerade zu nach einem Mehrfachzitat. Werden mehrere Autoren in einer Fußnote zitiert, müssen sie in alphabetischer oder chronologischer Reihenfolge aufgelistet und durch ein Komma voneinander getrennt werden. Die chronologische Aufzählung ist jedoch bei traditioneller Zitierweise weniger üblich.

<u>Beispiele:</u>

----
23)   Vgl. Müller, B. (1988), S. 104 f., Müller, K. (1985), S. 43, Scheren, M. (1989), S. 47 f. und
       Wysocki, K.v./Wohlgemuth, M. (1986), S. 21.

oder chronologisch geordnet:

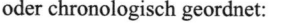

23)   Vgl. Müller, K. (1985), S. 43, Wysocki, K.v./Wohlgemuth, M. (1986), S. 21, Müller, B.

         (1988), S. 104 f. und Scheren, M. (1989), S. 47 f.

Vorteilhafter ist meines Erachtens eindeutig die alphabetische Aufzählung. Hat man sich für eine Variante entschieden, muss diese – wie bereits gesagt – konsequent durchgehalten werden.

Allerdings sollte die Auflistung der Autoren in einer Fußnote **nicht maßlos übertrieben** werden. Wo genau die Grenze zum Übertriebenen zu ziehen ist, wird sicherlich pauschal nicht zu beantworten sein. Zehn Nennungen je Fußnote scheinen aber schon recht viel. Ansonsten sollte man sich überlegen, ob der zitierte Satz überhaupt zitierfähig ist oder ob der Gedankengang nicht sogar mittlerweile zum Grundwissen eines jeden Betriebswirtes gehört und damit nicht mehr zitiert werden muss. Denn generelles und fachliches Allgemeinwissen ist nicht zitierpflichtig.

Allgemein bekannte **Gesetzesquellen, Verordnungen und Richtlinien** dürfen mit den gebräuchlichen Abkürzungen angegeben werden, z.B. AktG, GmbHG, HGB, EGHGB, EStDV oder AO. Ist die Vorschrift weiter untergliedert und bezieht sich das Zitat nicht auf den gesamten Paragraphen oder Artikel, sind die entsprechenden Absätze, Sätze, Halbsätze oder Nummern zu nennen. Gesetze, Verordnungen oder Richtlinien sollten am besten mit in den Textteil eingebaut werden. Das geschieht am häufigsten durch Ausdrücke wie „nach § ...“ oder „gem. § ...“. Gelegentlich wird der Paragraph auch an entsprechender Stelle in Klammern eingefügt.

<u>Beispiele:</u>

Die Minderheitenanteile am Eigenkapital des Tochterunternehmens sind nach § 307 Abs. 1 HGB unter entsprechender Bezeichnung gesondert in der Konzernbilanz auszuweisen.

Im Fall der pauschalen Abschreibung gemäß § 309 Abs. 1 S. 1 HGB sind vom folgenden Geschäftsjahr an jeweils mindestens 25 % abzuschreiben.

Ein daraus resultierender, über die aufgelösten stillen Reserven bzw. Lasten hinausgehender Unterschiedsbetrag ist auf der Aktivseite der Konzernbilanz als Geschäfts- oder Firmenwert auszuweisen (§ 301 Abs. 3 S. 1 HGB).

Seltener anzutreffen ist die Nennung des zugrunde liegenden Paragraphen und Artikels in der Fußnote. Bei umfangreichen Angaben, Verweisen und/oder Verbindungen ist jedoch auch dieses zulässig bzw. sogar manchmal unvermeidbar. **Nicht erlaubt** ist folgende – bei den Studierenden beliebte – Variante:

Beispiel:

Konzernbilanz, Konzerngewinn- und -verlustrechnung sowie Konzernanhang bilden die Einheit Konzernabschluss. Dieser hat ein den tatsächlichen Verhältnissen entsprechendes Bild der Vermögens-, Finanz- und Ertragslage des Konzerns zu vermitteln.[24]

----

24)   Vgl. Beck-Texte: Handelsgesetzbuch, 29. Auflage 1995, S. 103 f., § 297 Abs. 1 und 2 HGB.

Bei Gesetzestexten und ähnlichen Vorschriften werden keine Autoren, Herausgeber oder Verlage genannt. Der Paragraph bzw. Artikel inklusive Gesetzbuch reicht hier völlig aus.

Bei einem **Rechtsprechungsnachweis** sind grundsätzlich das erkennende Gericht und die Fundstelle genau aufzuzeigen. Wird eine Entscheidung in einer der amtlichen Ausgaben veröffentlicht, so erhält diese Quellenangabe Priorität (weitere Ausführungen und Beispiele zu diesem Thema finden sich bei Jennemann, K. (1990), S. 324 f.). Ähnliches gilt auch für **Verwaltungserlasse**.

Beispiele: Rechtsprechungsnachweise und Verwaltungserlasse

----

25)   RFH-Urt. v. 8.11.33, VI A 1488/31, in: RStBl. 1934, S. 295 (296).

26)   BVG-Beschluss v. 24.6.92, 1 BVR 459/87, in: BStBl. II 1992, S. 774 (778).

27)   Vgl. BFH-Urt. v. 10.10.91, in: BStBl. II 1992, S. 239 (241).

28)   BFH-Urt. v. 19.7.93, GrS 1/92, in: BStBl. II 1993, S. 894 (896).

29)   BGH-Urt. v. 17.3.82, Iva ZR 27/81, in: DB 1982, S. 1404 (1405).

30)   Vgl. OFD Hannover v. 18.12.91, S - 2196 - 38 - StH 221 / S 2196 - 15 - Sto 221,
       in: Wpg 1992, S. 165.

31)   Schreiben des Bayerischen Staatsministeriums der Finanzen v. 20.10.83,
       in: DStR 1984, S. 44.

32)   BMF-Schreiben v. 13.1.93, IV B 3 - S 2190 - 37/92, in: BStBl. I 1993, S. 80.

Bei **wörtlichen (direkten) Zitaten** muss das Zitat im Text in Anführungszeichen „ ... "
erscheinen und *buchstabengetreu* wiedergegeben werden. Es dürfen keine inhaltlichen
Veränderungen vorgenommen werden. Das gilt auch für die Übernahme von Buchstaben in Fettdruck und mit Kursivschrift sowie von Wörtern in Großbuchstaben. Auch
übernommene Textteile in veralteter Sprache und Schreibweise sind unverändert zu
übernehmen. Lediglich eindeutige Druckfehler dürfen korrigiert werden. Gelegentlich
kommt es vor, dass Texte zitiert werden, die wiederum ein Zitat enthalten. Solche Zitate
innerhalb eines Zitats stehen in einfachen Anführungsstrichen ` ... `.

Die Fußnote folgt im Text direkt dem abschließenden Anführungszeichen. In der Fußnote selbst entfällt bei wörtlichen Zitaten die hinweisende Vorbemerkung "Vgl.".

Beispiele:

"Bei Einzelunternehmen und Personengesellschaften kommt dem Problem der
Einlagen und Entnahmen größere Bedeutung zu."33)

Sonderposten mit Rücklageanteil "stellen folglich eine Mischposition dar, die aus
einem Eigenkapitalanteil und in Höhe der bei ihrer Auflösung einsetzenden Steu-
erverpflichtung aus einem Fremdkapitalanteil besteht und somit Rücklagen- und
Rückstellungscharakter aufweist."34)

In den entsprechenden Fußnoten erscheinen dann:

----

33)   Meyer, C.: Bilanzierung, 1986, S. 137.

34)   Coenenberg, A.G.: Jahresabschluß, 1988, S. 189.

Ob die Anführungsstriche hinter oder vor das Satzzeichen des zu zitierenden Satzes
kommen, hängt davon ab, was zitiert werden soll. Soll ein kompletter Satz wörtlich
übernommen werden, stehen die Anführungsstriche hinter dem abschließenden Punkt.

Wird nur ein Teil eines Satzes zitiert, kann den Anführungsstrichen auch kein Satzzeichen vorangehen.

Werden mehrere Sätze oder Abschnitte eines Autors hintereinander, jedoch mit Unterbrechung zitiert, muss auch mehrmals eine Fußnote folgen.

Beispiel:

"Zunächst gibt es mehr oder weniger zusammenhanglose Einzelpläne für bestimmte Vorhaben. Die Zukunftsentwicklung der Unternehmung ist in verschiedenen Dokumenten festgehalten oder sie existiert als mündliche Vereinbarung. Jahresbudgets dienen zur Erfassung der Kosten."[35]
"In der zweiten Phase werden häufig in bestimmten, mit Zukunftsproblemen konfrontierten Bereichen längerfristige Pläne ausgearbeitet. Häufig beginnt man in dem Finanzbereich oder in der Produktentwicklung."[36]
"In der nächsten Phase wird meist eine Planungsstelle gebildet, die Planungsrichtlinien erarbeitet und einen Gesamtplan erstellt."[37]
"Erst in der vierten Phase findet man ein Planungssystem mit einheitlich gestalteten Einzelplänen. Das Planungssystem wird umfassend in einem Planungshandbuch dokumentiert."[38]

In der Fußnote erscheint dann viermal der gleiche Literaturhinweis oder eine erlaubte Abkürzung:

----

[35]   Horváth, P.: Controlling, 1979, S. 278.

[36]   Horváth, P.: Controlling, 1979, S. 278.

[37]   Horváth, P.: Controlling, 1979, S. 278.

[38]   Horváth, P.: Controlling, 1979, S. 278.

Veränderungen des Verfassers am Originaltext sind ausnahmslos kenntlich zu machen. **Auslassungen** eines einzelnen Wortes werden durch zwei Punkte ".." und Auslassungen von zwei oder mehr Wörtern durch drei Punkte "..." gekennzeichnet. Werden nur wenige Wörter zitiert, so brauchen nur Anführungszeichen, aber keine Punkte gesetzt zu werden. Enthält der zu zitierende Text ebenfalls Fußnoten, was die Regel sein wird, so können diese weggelassen werden, ohne das dafür Punkte einzusetzen sind.

Beispiele:

"Daraus ergibt sich prinzipiell für den Shareholder Value, daß der Shareholder Value unabhängig vom Betrachtungszeitraum nur unter der Bedingung zunehmen kann, daß der Zuwachs an Zahlungsüberschüssen je Periode den durch die Diskontierung verursachten Verlust an Wertigkeit überkompensiert."[39]

"Daraus ergibt sich .. für den Shareholder Value, daß der Shareholder Value unabhängig vom Betrachtungszeitraum nur unter der Bedingung zunehmen kann, daß der Zuwachs an Zahlungsüberschüssen je Periode den durch die Diskontierung verursachten Verlust an Wertigkeit überkompensiert."[40]

"Daraus ergibt sich ..., daß der Shareholder Value unabhängig vom Betrachtungszeitraum nur unter der Bedingung zunehmen kann, daß der Zuwachs an Zahlungsüberschüssen je Periode den durch die Diskontierung verursachten Verlust an Wertigkeit überkompensiert."[41]

Aus den Darstellungen lässt sich schlussfolgern, dass der Shareholder Value nur dann zunehmen kann, wenn „der Zuwachs an Zahlungsüberschüssen je Periode den durch die Diskontierung verursachten Verlust an Wertigkeit überkompensiert."[42]

----

39)   Arnold, G. u.a.: Rechnungswesen und Controlling, 1998, S. 419

40)   Arnold, G. u.a.: Rechnungswesen und Controlling, 1998, S. 419

41)   Arnold, G. u.a.: Rechnungswesen und Controlling, 1998, S. 419

42)   Arnold, G. u.a.: Rechnungswesen und Controlling, 1998, S. 419

Notwendige **Ergänzungen** vom Bearbeiter, z.B. Erläuterungen von Ausdrücken oder syntaktisch erforderliche Anpassungen, werden durch eckige Klammern [Ergänzung des Verfassers] gekennzeichnet. Werden Auslassungen oder Ergänzungen vorgenommen, so ist streng darauf zu achten, dass der *Sinn des zitierten Abschnittes erhalten bleibt* und dieser in keiner Weise entstellt wird.

Werden **Hervorhebungen** wie Fettdruck, Kursivschriften oder Sperrungen verändert, muss dieses in der Fußnote hinter der Quellenangabe angegeben werden.

<u>Beispiele:</u>

----

43) ...; im Original hervorgehoben.

44) ...; im Original zum Teil hervorgehoben.

45) ...; vom Verfasser hervorgehoben.

46) ...; Unterstreichungen im Original kursiv.

Werden ausländische Texte in eigener **Übersetzung** zitiert, ist dieses in der Fußnote kenntlich zu machen. Englisch-sprachige Texte brauchen nicht übersetzt zu werden.

<u>Beispiel:</u>

----

47) ...; Übersetzung des Verfassers.

Soweit möglich und zumutbar sind Primärquellen zu dokumentieren. Der Grund liegt darin, dass eventuell bewusste oder unbewusste unseriöse Darlegungen der Primärquelle durch eine **Sekundärliteratur** sich nicht weiter ausbreiten sollen. Ist das Originalwerk dem Verfasser aus welchen Gründen auch immer nicht zugänglich, darf ausnahmsweise auf Sekundärquellen zurückgegriffen werden. Oft wird diese auch hinzugezogen, um die Aussagen einer Primärquelle zu bestärken und zu unterstützen. Sofern aus zweiter Hand zitiert wird, d.h. auf Sekundärliteratur zurückgegriffen wird, ist in der Anmerkung zuerst die Primärquelle und erst danach die Sekundärquelle zu nennen.

<u>Beispiel:</u>

"Da der handelsrechtliche Jahresabschluß bereits die Erfüllung mehrerer Bilanzzwecke für mehrere Bilanzinteressenten intendiert, [wird] die Handelsbilanz ... deshalb als Grundmodell der ergänzten Mehrzweckbilanz herangezogen."[48]

In der entsprechenden Fußnote erscheint folglich:

----

48) Heinen, E.: Handelsbilanzen, 1986, S. 106 zitiert nach Loistl, O.: Externes Rechnungswesen, 1990, S. 41.

Unredlich ist es, eine Sekundärquelle so zu zitieren, als hätte man die Originalquelle direkt eingesehen.

Oft passt ein wörtliches Zitat syntaktisch nicht gut in den umgebenden Kontext, weshalb ein nur sinngemäßes Zitieren dann sinnvoller erscheint. Überhaupt ist es zweckmäßiger, **Erkenntnisse in eigenen Worten** darzulegen und wörtliche Zitate möglichst zu vermeiden. Sie sind meistens überflüssig und täuschen nur "Wissenschaftlichkeit" vor. Paraphrasierte Formulierungen zeigen dem Leser – und auch dem Verfasser selbst – erheblich besser als wörtliche Zitate, ob der Zusammenhang erkannt wurde. Lediglich, wenn der Autor keine andere Alternative hat, weil sonst zwangsläufig Sinnverschiebungen eintreten würden, sind wörtliche Zitate gerechtfertigt.

> **Wer einen fremden Text wörtlich oder sinngemäß übernimmt und diese Übernahme nicht ausweist, begeht geistigen Diebstahl und macht sich des Plagiats schuldig.**

Dieses Vergehen wird als schwerwiegend angesehen und bei der Beurteilung streng sanktioniert. Bei mehrmaligem bzw. manchmal sogar einmaligem Missachten wird die Arbeit abgelehnt und mit "nicht ausreichend" bewertet. Und auch so etwas erscheint äußerst bedenklich:

Originaltext	nicht wörtlich zitierte Abwandlung eines Studenten
"Es ist ohne Schwierigkeiten möglich, eine Fülle von Kennzahlen dadurch zu konstruieren, daß man sämtliche Positionen der Bilanz und Gewinn- und Verlustrechnung zueinander in Beziehung setzt, möglichst blumige Begriffe für die so gefundenen Kennzahlen verwendet und schließlich auch eine analytische Aussage zu der so gebildeten Kennzahl sucht." (Hauschildt, J.: Erfolgs- und Finanz-Analyse, S. 64)	"Es ist ohne Probleme möglich, eine Vielzahl von Kennzahlen dadurch zu konstruieren, daß man sämtliche Positionen der Bilanz und Gewinn- und Verlustrechnung zueinander in Beziehung setzt, möglichst blumige Begriffe für die so gefundenen Kennziffern verwendet und schließlich auch eine analytische Aussage zu der so gebildeten Kennziffer sucht." (Auszug aus einer Diplomarbeit)

Auch derjenige, der ein direktes Zitat als indirektes Zitat ausgibt oder ein direktes Zitat mit wenigen Synonymen auf ein indirektes Zitat „umschminkt", begeht Gedankenraub und handelt unredlich.

Wer glaubt, dass sein Gedankenraub nicht auffällt, handelt mit großem Risiko. Internet und spezielle Online-Software für Plagiaterkennung erlauben eine schnelle und gezielte Überprüfung bei begründetem Verdacht.

Als Literaturquelle ist nur zitierfähiges Material, also tatsächliche Veröffentlichungen, zu benutzen. **Skripten** oder ähnliches Begleitmaterial zu Lehrveranstaltungen sowie Vorlesungsmitschriften sind in diesem Sinne nicht öffentlich verfügbar und somit nur in besonderen Ausnahmefällen zitierfähig. Im Übrigen ist es den Autoren von Skripten nicht immer recht, wenn aus diesen zitiert wird. Man sollte daher vorher die Erlaubnis einholen. Auch **Studienbriefe** von Fachhochschulen und Universitäten gehören nicht zu den in diesem Sinne veröffentlichten Quellen und sind somit nur wenn unbedingt erforderlich zu zitieren. Meistens existieren jedoch von den Dozenten der Studienbriefe zugehörige offiziell archivierte Publikationen, auf die dann problemlos zurückgegriffen werden kann. Im Einzelfall kann man sich sogar auf **private oder firmeninterne Unterlagen** stützen. Die Fußnote, auf jeden Fall aber die Angabe im Literaturverzeichnis, wird dann ergänzt durch den Hinweis "unveröffentlichtes Manuskript".

Liegt weder eine Publikation noch ein unveröffentlichtes Manuskript vor, sondern basiert die Information auf einer **persönlichen Mitteilung**, ist dieses ebenfalls zu dokumentieren. Dabei ist unbedingt das Datum zu vermerken.

Beispiel:

----

49) Mündliche Mitteilung der Leiterin der Thüringischen Staatskanzlei, Dr. Schlau vom 19. Mai 2007

50) Persönlicher Brief von Prof. Dr. Wengel an den Verfasser vom 14. Juni 2007

Eine Besonderheit unserer Zeit ist das Arbeiten mit dem **Internet**. Da immer mehr wissenschaftliche Arbeiten mit Hilfe des Internets respektive über das Internet geschrieben werden und die Internetquellen nicht nur eine Modeerscheinung sind, die bald wieder an Bedeutung verlieren wird, wird es notwendig, sich mit dem Problem der Internet-Literatur auseinander zu setzen und sich vernünftige Standards auszudenken. Eine Möglichkeit besteht darin, statt der üblichen Quellenangabe in der Fußnote den vollständigen Dokumenten-URL (URL steht für Uniform Resource Locator) bzw. die Internet-Adresse anzugeben. Bei digital verfügbaren Quellen ist zudem die Angabe des Zugriffsdatums verpflichtend.

Beispiele:

----

51)   Gabler Verlag: Supply Chain Management, http://www.gabler-online.de vom 7.11.2000.

52)   FH Jena: Willkommen an der Fachhochschule Jena, http://www.fh-jena.de vom 20.4.2006.

53)   Vgl. IASB: IASB and IASC Foundation News, http://www.iasb.org/news/index.asp vom
       25.4.2006.

54)   BMJ: Mitteilungen, http://www.bmj.bund.de/inhalt.htm vom 7.11 2000.

55)   Handelsblatt: Wirtschaft, http://www.handelsblatt.com/hbiwwwangebot/fn/relhbi/sfn/build
       hbi/cn/bp_artikel/docid/345716/strucid/PAGE_200013/pageid/PAGE_200050/SH/O/depot/
       O/index.html vom 7.11.2000.

56)   DRSC: DRSC Neuigkeiten, http://www.standardsetter.de/drsc/news/news.php vom
       13.7.2005.

57)   Wikipedia (Hrsg.): Geschäftsprozessoptimierung, URL: http://de.wikipedia.org/wiki/
       Gesch%C3%A4ftsprozessoptimierung vom 31.8.2007.

Bei sehr langen und zudem noch häufig benutzten Internet-Adressen ist es möglich, diese in verkürzter Form anzugeben; zumal der vollständige Dokumenten-URL sowieso im Literaturverzeichnis steht.

Beispiel:

----

58)   Handelsblatt: Wirtschaft, http://www.handelsblatt.com/... vom 7.11.2000.

Da die Verfügbarkeit der Dokumente im Internet üblicherweise nur kurzfristiger Natur ist und die für wissenschaftliche Arbeiten erforderliche Überprüfbarkeit der zitierten Quellen dadurch erheblich beeinträchtigt bzw. sogar unmöglich wird, sind einige Betreuer der Meinung, dass der zitierte Beitrag ausgedruckt bzw. auf einen Datenträger abgespeichert und der wissenschaftlichen Arbeit beigelegt werden sollte. Im Zweifelsfall sollte man sich daher bei seinem Gutachter über das spezielle Vorgehen erkundigen.

Trifft man im Rahmen der Internetrecherche auf eine **PDF-Datei**, so kann die Angabe in der Fußnote nach den allgemein üblichen Normen vorgenommen werden, also beispielsweise Autor bzw. Herausgeber, Titel, Jahr, Seite(n). Der vollständige Dokumen-ten-URL findet sich dann im Literaturverzeichnis.

Beispiele:

---

59)   Vgl. Buerke, G.: Global Perspectives on Undergraduate Programs, 2005, S. 4

60)   DRSC: E-DRÄS 3, 2005, S. 14 f.

61)   Alle nicht näher bezeichneten Textziffern (Tz.) beziehen sich auf den Entwurf des DRÄS 3, hier zitiert nach DRSC: E-DRÄS 3, 2005.

Es versteht sich von selbst, dass auch bei **CDs, DVDs, Videoaufzeichnungen** und **Filmen** eine Quellenangabe in der Fußnote zu erfolgen hat. Ein Problem ergibt sich allerdings bei der Seitenangabe. Da diese bei CDs nur selten und bei DVDs, Videos und Filmen nicht existiert – bestenfalls ist bei letzteren eine Minutenangabe identifizierbar –, muss als Alternative das Kapitel respektive die Lektion oder eine sonstige nähere Bestimmung angegeben werden.

Beispiele:

---

62)   Gabler Verlag (Hrsg.): CD-ROM Wirtschaftslexikon, Stichwort „Rechtsformen".

63)   Rosenberg, O./Weber, W.: Betriebliches Rechnungswesen, 1988, Lektion 3: Bilanzierung und Bilanzanalyse.

64)   Weber, W.: Betriebswirtschaftslehre, 1992, Lektion 1: Gegenstand der Betriebswirtschaftslehre.

Fußnoten dienen nicht nur dem Aufzeigen von Fundstellen und Belegen. Sie können auch genutzt werden, um **zusätzliche Hinweise und Bemerkungen** aufzunehmen, die für den jeweiligen Gedankengang wichtig erscheinen, aber im laufenden Text den Lesefluss stören. Allerdings ist darauf zu achten, dass der normale Text durch die ergänzenden Anmerkungen nicht zu häufig unterbrochen wird. Insofern sind die Fußnoten „keine Sammelbecken der Mitteilsamkeit, in denen alle möglichen Notizen und Lesefrüchte untergebracht werden können."(Niederhauser, J. (2000), S. 22) Sachliche Anmerkungen in den Fußnoten sollten daher nur sehr überlegt eingesetzt werden.

Beispiele:

Bei der Aufstellung des Konzernabschlusses sind Entscheidungen über die Ausübung von formellen Wahlrechten zu treffen. Formelle Wahlrechte sind solche, die keinen quantitativen Einfluss auf die Konzernbilanzstruktur und das Konzernergebnis haben.[65] Sie werden aus diesem Grunde auch nicht näher in die weitere Untersuchung einbezogen.[66]

Der Begriff "Konzernabschlussparameter" umschreibt die dem Träger der Konzernbilanzpolitik zur Verfügung stehenden konzernbilanzpolitischen Instrumente.[67]

Besonders schwierig erweist sich die Analyse des Konzernabschlusses.[68]

Die zugehörigen Fußnoten könnten folgendes Aussehen haben:

----

65)   Genauer: die keinen quantitativen Einfluss auf die Konzernbilanzsumme, das Konzerneigenkapital, das Konzernfremdkapital und das Konzernergebnis haben.

66)   Die von der Untersuchung ausgeschlossenen formellen Gestaltungsfreiräume sind im Anhang 2 dieser Arbeit beispielhaft zusammengefasst.

67)   Klein und Schneeloch wählen hierfür den Begriff "Aktionsparameter", lassen aber die Sachverhaltsgestaltungen außen vor, vgl. Klein, H.-D. (1989), S. 91 ff. und Schneeloch, D. (1991), S. 25; Zum Begriff "Aktionsparameter" vgl. auch Freidank, C.-C. (1982), S. 339 ff.

68)   Zur Frage der Konzernbilanzanalyse vgl. auch Kapitel 9, S. 189 ff

Generell gilt, dass der laufende Text und die Argumentation auch ohne die zusätzlichen Hinweise und Bemerkungen lückenlos verständlich sein muss. Insbesondere können sachliche Anmerkungen **abweichende Aussagen von anderen Autoren** enthalten. Dies wird meist durch den Zusatz „Anderer Auffassung ist ..." (abgekürzt A.A.) oder „Anderer Meinung ist ..." (abgekürzt A.M.) gekennzeichnet. Die in der Fußnote angeführten Belege mit gegenteiliger Auffassung werden durch ein Semikolon von der Erstaussage getrennt.

Beispiel:

Aus Vorsichtsgründen wird der "Unterschiedsbetrag aus der Kapitalkonsolidierung" von der Mehrzahl der Konzernabschlussanalysten dem Fremdkapital zugerechnet, um sicherzustellen, dass das Konzerneigenkapital nicht zu hoch ausgewiesen wird.[69]

----

[69]   Vgl. beispielsweise Gräfer, H. (1990a), S. 77 f., Krehl, H. (1989), S. 104, Küting, K.
       (1992), S. 1336 oder Küting, K./Weber, C.-P./Zündorf, H. (1990), S. 86; Anderer
       Auffassung ist Müller, B. (1988), S. 128 und S. 203.

Folgendes sollte man insbesondere als angehender Akademiker bzw. Nachwuchswissenschaftler nie vergessen:

> Bereits mit Seminar-, Bachelor-, Master- und Diplomarbeiten beginnt das
> wissenschaftliche Arbeiten. Schon in dieser Zeit gilt es, nicht nur fachspezifische und formale Fertigkeiten, sondern auch eine ethische Grundhaltung
> beim wissenschaftlichen Procedere einschließlich Zitieren und beim verantwortungsvollen Umgang mit Ergebnissen zu erwerben und zu vermitteln.
> Gravierendes wissenschaftliches Fehlverhalten kann auch noch nach Jahren
> zum Entzug von akademischen Graden, wie des Bachelor-, Master- oder
> Diplomgrades, führen.

3.9   Anhang

Durch den Anhang lässt sich der Ausführungsteil der Arbeit entlasten. Der Anhang nimmt **ergänzendes Material** auf, das im Text eher stören würde und nicht unbedingt zur besseren Verständlichkeit der Ausführungen beiträgt, aber als zur vollständigen Bearbeitung des Themas zugehörig erachtet wird. Er sollte keinesfalls als Möglichkeit betrachtet werden, die Begrenzung des Umfangs der Arbeit zu umgehen und durchgehend mit Text gefüllt sein.

Insbesondere ist es bei **empirischen Studien** zweckmäßig, einen Anhang zu ergänzen. Dieser enthält dann den oder die Fragebögen und die statistischen Auswertungen u.Ä.m. Durch die Präsentation von Materialien im Anhang kann eine bessere Nachvollziehbarkeit und Überprüfbarkeit der Untersuchung gewährleistet werden. Ebenfalls möglich und üblich ist es bei **praxisorientierten Arbeiten**, im Textteil lediglich ein oder zwei typische Beispiele herauszugreifen und detailliert darzustellen und eine vollständige Liste aller Untersuchungsobjekte im Anhang aufzunehmen.

Der Anhang in wissenschaftlichen Arbeiten gehört direkt hinter den Ausführungsteil bzw. vor das Literatur- und Quellenverzeichnis. Ihm muss bei umfangreicheren Anhängen ein **Anhangverzeichnis** vorangestellt werden. Dieses enthält die Anlagenummern, Anlageüberschriften und die Seitenzahlen der Anhangteile. Dabei erfolgt keine gesonderte Nummerierung (z.B. römische Seitenzählung) der Anhangseiten. Die Nummerierung des Textteils wird unter Berücksichtigung des Anhangverzeichnisses fortgeführt (also arabische Seitenzählung).

3.10 Literaturverzeichnis

Das Literaturverzeichnis enthält eine **Zusammenstellung aller Literaturbeiträge und Quellen,** die bei der Anfertigung der wissenschaftlichen Arbeit zu Rate gezogen wurden und deren Inhalt der Verfasser in irgendeiner Form berücksichtigt hat. Das Literaturverzeichnis hat <u>nicht</u> die Aufgabe, die Belesenheit oder die Übersicht des Autors über das gesamte Gebiet der Betriebswirtschaftslehre zu demonstrieren. In das Literaturverzeichnis sind folglich nur die Quellen aufzunehmen, die im Text oder im Anhang der Arbeit tatsächlich verwendet wurden und die somit auch als Fußnote erschienen sind. Andere verwendete, aber nicht zitierte Literatur, kann bestenfalls in einer entsprechend gekennzeichneten Ergänzung, z.B. *"Berücksichtigte, aber nicht zitierte Literatur"*, aufgeführt werden. Dieses ist allerdings unüblich und bei vielen Dozenten auch untersagt!

Das Literaturverzeichnis ist fundamentaler Bestandteil einer wissenschaftlichen Arbeit. Es muss richtig, vollständig, einheitlich und übersichtlich aufgebaut sein.

Die **Seitenzählung** erfolgt im Literaturverzeichnis üblicherweise fortlaufend im Anschluss an die eigentliche Untersuchung. Eine eigenständige Seitenzählung für das Literaturverzeichnis ist unzulässig.

Das Literaturverzeichnis ist u.a. aus prüfungstechnischen Rücksichten grundsätzlich **nur eingestaltig** aufzubauen. Der Grund liegt im Vergleich der in den Fußnoten angegebenen Titeln mit den im Literaturverzeichnis aufgenommenen Werken. Das heißt, es ist ohne weitere Untergliederung nach verschiedenen Literaturarten – wie Bücher, Sammelwerke, Aufsätze u.Ä. – aufzubauen.

Die **Ordnung der Titel** erfolgt alphabetisch nach dem Namen des Autors bzw. bei Doppelnamen nach dem ersten Nachnamen, wobei mehrere Titel desselben Autors nach dem Erscheinungsdatum – beginnend mit dem ältesten Titel – geordnet werden können. Im Literaturverzeichnis erscheinen grundsätzlich die Autoren und nicht die Herausgeber, es sei denn, dass der Verfasser eines benutzten Literaturtitels nicht feststellbar oder der Herausgeber zugleich auch der Autor ist.

Die Literaturangabe hat die Aufgabe, die betreffende Veröffentlichung eindeutig zu identifizieren und alle erforderlichen Informationen bereit zu stellen, die es ermöglichen, diese Publikation in einer Bibliothek ausfindig zu machen. Die Aufnahme der Titel im Literaturverzeichnis hat somit immer im **Vollbeleg**, also ungekürzt, zu erfolgen, wobei zu Zeitschriftenartikeln auch die betreffenden Seitenzahlen anzugeben sind. Es sind demnach abhängig von dem Typ der Quelle (z.B. Buch, Beitrag, Zeitschrift oder Zeitung) insgesamt folgende Angaben zu machen:

☞ **Name und Vorname** bzw. **Vornamen des Verfassers**: Es ist von der beliebten Abkürzung des oder der Vornamen abzuraten. Mehrere Verfasser sind durch einen Diagonalstrich "/" voneinander abzugrenzen. Titel ohne Verfasser sind unter "o.V." (ohne Verfasserangaben) einzuordnen;

☞ Vollständiger **Titel**: Dazu gehören auch eventuelle **Untertitel**. Titel und Untertitel sollten durch ein Satzzeichen voneinander getrennt werden, z.B. durch einen Gedankenstrich "–";

Handelt es sich um eine Dissertation oder eine Habilitationsschrift, muss dieses besonders gekennzeichnet werden. Mögliche Abkürzungen sind beispielsweise "Diss." oder "Habil.-Schr.". Gleiches gilt für unveröffentlichtes Material wie Bachelor-, Master- oder Diplomarbeiten. Die Abkürzungen lautet hier „Bach.-Arb.", „Mast.-Arb." oder „Dipl.-Arb.". Der Hochschulort – und bei unveröffentlichten Abschlussarbeiten zusätzlich die Fakultät – wird an die Abkürzung angehängt;

☞ Gegebenenfalls **Band** und **Titel des Bandes**, getrennt durch einen Doppelpunkt;

☞ Gegebenenfalls **Schriftenreihe, Zeitschrift oder Zeitung**, in der veröffentlicht wurde. Der Angabe wird ein „in:" vorangestellt;

☞ Gegebenenfalls **Auflage** ohne Zusätze wie "völlig überarbeitete" Auflage: Die Erfassung der Auflage erfolgt nur, wenn mehr als eine Auflage erschienen ist. Werden mehrere Auflagen benutzt, so müssen diese einzeln aufgelistet werden;

☞ **Erscheinungsort** (mit oder ohne Verlagsnamen): Mehrere Erscheinungsorte sind formal durch einen Diagonalstrich "/" voneinander abzugrenzen. Sind in der Literaturquelle mehr als drei Erscheinungsorte genannt, so ist der erste Ort unter Hinzufügung von „u.a." anzugeben. Soweit fehlende Ortsangaben nicht ergänzt werden können, müssen sie als solche gekennzeichnet werden: "o.O." (ohne Ortsangaben). Bei Zeitschriften etc. entfällt die Ortsangabe;

Der Ausweis des Verlagsnamens hat sich in deutschsprachigen wissenschaftlichen Arbeiten noch nicht durchgesetzt. Es sprechen ebenso viele Gründe dafür wie dagegen. Die Angabe wird jedoch von mir empfohlen, da der zwingende Ausweis des Verlagsortes allein bei der Konzentration wissenschaftlicher Verlage auf wenige Standorte keine eindeutige Abgrenzung mehr zulässt;

☞ **Erscheinungsjahr**: Soweit fehlende Jahresangaben nicht ergänzt werden können, müssen sie als solche gekennzeichnet werden: "o.J." (ohne Jahresangaben);

☞ **Seitenangaben** bei Aufsätzen, Zeitungsartikeln und Beiträgen: Es ist jeweils die erste und letzte Seite anzugeben. Von Vorteil ist bei Aufsätzen auch die Angabe der Heftnummer. Letztere ist immer dann zwingend, wenn die Jahrgänge seitenmäßig nicht durchgehend nummeriert sind. Bei Zeitungen sollte die Nummer und/oder das Datum der Zeitung ergänzt werden.

Beispiele:

Arnold, Günter u.a.: Rechnungswesen und Controlling – Bausteine des Rechnungswesens und ihre Verknüpfung, Herne/Berlin 1998

Coenenberg, Adolf Gerhard: Gliederungs-, Bilanzierungs- und Bewertungsentscheidungen bei der Anpassung des Einzelabschlusses nach dem Bilanzrichtlinien-Gesetz, in: Der Betrieb (Zeitschrift) 1986, S. 1581-1589

Gornik-Tomaszewski, Sylwia: Convergence of U.S. GAAP with International Financial Reporting Standards – An Update, in: Bank Accounting & Finance (journal) 2005, vol. 18, issue 6, p. 37-42

Gräfer, Horst: Der Jahresabschluß der GmbH unter Berücksichtigung der Regelungen des D-Markbilanzgesetzes, 3. Auflage, Herne/Berlin 1991

Gräfer, Horst/Scheld, Guido A.: Grundzüge der Konzernrechnungslegung, 8. Auflage, Berlin 2000

Gutenberg, Erich: Grundlagen der Betriebswirtschaftslehre, Bd.3: Die Finanzen, 8. Auflage, Berlin/Heidelberg/New York 1980

Haberstock, Lothar: Kostenrechnung I – Einführung –, 8. Auflage, Hamburg 1990

Klein, Günter: Zwecke des Konzernabschlusses, in: Küting, Karlheinz/Weber, Claus-Peter (Hrsg.): Handbuch der Konzernrechnungslegung – Kommentar zur Bilanzierung und Prüfung, Stuttgart 1989, S. 413-427

Kimmitt, Annette: Phasing it in, in: Accountancy (journal) 2004, vol. 133, issue 1330, p. 82-84

Kruschwitz, Lutz: Investitionsrechnung, 3. Auflage, Berlin/New York 1987

Sauer, Susanne: Erarbeitung eines Konzeptes zur Qualifizierung des Kreditmanagements – dargestellt am Beispiel eines exportorientierten Unternehmens der feinmechanisch-optischen Industrie, Dipl.-Arb. im Fachbereich Betriebswirtschaft an der Fachhochschule Jena, unveröffentlichte Arbeit, Jena 1998

Scheld, Guido A.: Konzernbilanzpolitik – Quantitative Wirkungen der Konzernabschlußparameter auf die Konzernbilanzstruktur und das Konzernergebnis, Diss. Universität Paderborn, Frankfurt am Main 1994

Scheld, Guido A.: Das Interne Rechnungswesen im Industrieunternehmen, Band 2: Teilkostenrechnung, Büren 1998

Scheld, Guido A.: Rechnungswesen II – Kosten- und Leistungsrechnung, Studienbrief 1: Grundlagen/Kostenartenrechnung auf der Grundlage von Ist-Vollkosten, Fern-Fachhochschule Hamburg, Hamburg 1998

Arbeitskreis "Externe Unternehmensrechnung" der *Schmalenbach-Gesellschaft* – Deutsche Gesellschaft für Betriebswirtschaft e.V. (Hrsg.): Ergebnis je Aktie, in: Zeitschrift für betriebswirtschaftliche Forschung 1988, S. 138-148

Watrin, Christoph/Strohm, Christiane/Struffert, Ralf: The Joint Business Combinations Project – IFRS 3 and the Project's Impact on Convergence with U.S. GAAP, in: The CPA Journal 2006, vol.76, issue 1, p.22-25

Weber, Jürgen: Der Abschied vom „Erbsenzähler", in: Gablers Magazin (Zeitschrift) 1997, Nr. 9, S. 36-39

Wysocki, Klaus von/Wohlgemuth, Michael: Konzernrechnungslegung, 3. Auflage, Düsseldorf 1986

Alle bibliographischen Angaben enden **ohne Satzzeichen**. Ab der zweiten Zeile werden die Literaturangaben geringfügig **eingerückt** (auch hängender Einzug genannt).

Abkürzungen für Handbücher, Lexika, Zeitschriften etc. sind nicht in das Literaturverzeichnis aufzunehmen. Die entsprechenden Quellen sind im Verzeichnis jeweils voll auszuschreiben. Ebenso sind die Vornamen der einzelnen Autoren einheitlich auszuschreiben.

Die Angabe des **Nobilitätsgrades**, z.B. "Frh." (Freiherr), und die **Adelskennzeichnung** "von" sind hinter den Vornamen zu setzen. **Akademische Grade** wie z.B. "Prof." oder "Dr." werden ebenso wie "Dipl.-Kfm." oder "Dipl.-Betriebsw." nicht genannt.

Sind im Literaturverzeichnis **mehrere Titel desselben Verfassers** bzw. mehrere Titel derselben Verfasser aufzunehmen, so ist die erste Literaturangabe auszuschreiben. Alle weiteren Namensangaben können durch "Derselbe" bzw. "Dieselben" oder alternativ durch "Ders." bzw. "Dies." abgekürzt werden. Jedoch wird diese Vorgehensweise von mir nicht empfohlen. Das Ausschreiben der Namen macht auch nicht viel mehr Arbeit und wirkt übersichtlicher und einheitlicher.

Ist ein Werk von **mehr als drei Autoren** verfasst bzw. sind in einem Titel **mehr als drei Erscheinungsorte** genannt, so ist im Allgemeinen der Name nur des ersten Verfassers unter Hinzufügung der Abkürzung "u.a." (und andere) oder "et al." (et alii) bzw. nur der erste Ort unter Hinzufügung der Abkürzung "u.a." zu bibliographieren.

Ist ein Autor mit mehreren Veröffentlichungen zitiert, so sind die einzelnen Publikationen im Literaturverzeichnis – wie bereits oben kurz erwähnt – nach dem Erscheinungsjahr zu sortieren. Erscheint der Autor zusätzlich mit einigen Co-Autoren, so orientiert sich die Reihenfolge der Nennung im Literaturverzeichnis an der **Anzahl der Autoren**. Erst kommen alle Publikationen, die der Verfasser alleine veröffentlicht hat. Dann folgen alle Veröffentlichungen mit einem Co-Autor anschließend mit zwei Autoren usw. Innerhalb dieser Gruppen gilt selbstverständlich primär die alphabetische Reihenfolge und sekundär die Sortierung nach Jahrgängen.

Ist der Autor eines Werkes unbekannt, der Autor zugleich Herausgeber oder handelt es sich um eine unselbstständig erschienene Quelle wie beispielsweise ein Sammelband, muss der **Herausgeber** zitiert bzw. angegeben werden. In diesen Fällen erscheint nach dem Namen der Hinweis „Herausgeber" in runden Klammern und in abgekürzter Form, also z.B. (Hrsg.) oder (Hg.).

Wissenschaftliche Arbeiten sind nach dem neuesten Stand der Forschung durchzuführen. Dies setzt die Kenntnis und Verwertung des jeweils aktuellen Schrifttums voraus. Soweit möglich, sollte also darauf geachtet werden, dass die **neueste Auflage** für die wissenschaftliche Ausarbeitung verwandt wird. Ältere Auflagen sind somit stets durch neuere Auflagen zu ersetzen.

Existiert ein Werk nur in der **ersten Auflage**, braucht dieses nicht angezeigt zu werden. Erst ab der zweiten Auflage eines Buches muss dieses dokumentiert werden.

Die Nutzung **unveröffentlichter Materialien**, wie beispielsweise Skripte, Vorlesungsmitschriften, Forschungsberichte, interne Unternehmensunterlagen und noch nicht abgeschlossene Dissertationen und Habilitationen, ist unbedingt kenntlich zu machen. Dieses kann durch einen entsprechenden Zusatz, z.B. „unveröffentlichtes Manuskript", in der Quellenangabe geschehen. Zudem ist der Typ des unveröffentlichten Manuskriptes anzugeben, z.B. Vorlesungsmitschrift im Fachbereich Betriebswirtschaft an der Fachhochschule Jena, Skript der Fakultät Wirtschaftswissenschaften an der Universität Paderborn, Mast.-Arb. im Fachbereich Betriebswirtschaft an der Fachhochschule Erfurt.

Eine Quelle, die nur in digitaler Form eingesehen wurde, ist ebenfalls durch ein Vermerk **„Digitale Version"** kenntlich zu machen.

Ausländische, nicht übersetzte Bücher und Texte sollten in ihrer **Original-Sprache** zitiert werden. Dieses erleichtert das Auffinden für den interessierten Leser erheblich.

Quellen ohne Namen von Autoren, wie z.B. Lexika, Gesetzestexte, Verordnungen, Gerichtsurteile, Beschlüsse, Jahresberichte, Verbandsmitteilungen, Prospekte, Gutachten u.ä., werden entweder am Ende des Verzeichnisses in sinnvoller und übersichtlicher Reihenfolge oder in einem sog. **Quellenverzeichnis** gesondert aufgelistet. Handelt es sich nur um wenige Quellen, ist es sinnvoller, diese hinter das übliche Literaturverzeichnis anzuhängen. Bei umfangreicheren Hinweisen ist ein eigenständiges Quellenverzeichnis angebrachter. Die entsprechenden Institutionen, Unternehmungen, Behörden, Gerichte oder Verbände sind dann als Verfasser oder als Herausgeber zu benennen, voneinander abzugrenzen und entsprechend alphabetisch oder chronologisch zu ordnen. Wurde im Fußnotenteil der Kurzbeleg und eine Abkürzung der Organisation/Institution als Dokumentationsform gewählt, empfiehlt sich im Literaturverzeichnis ein zweispaltiger Aufbau, der wie folgt aussehen könnte:

Beispiel: Quellenverzeichnis

AICPA (1987)   American Institute of Certified Public Accountants: APB (Accounting Principles Board) – Opinion No.16 – Business Combinations, in: Financial Accounting Standards Board (FASB) (Hrsg.): Accounting Standards – Original Pronouncements Issued Throught June 1973, Stamford/Connecticut 1987, S. 202-222

AktG	Aktiengesetz vom 6. September 1965 mit allen späteren Änderungen einschließlich der Änderungen durch das Gesetz zur Umsetzung der EG-Einlagensicherungsrichtlinie und der EG-Anlegerentschädigungsrichtlinie vom 16. Juli 1998
ASC (1983)	Accounting Standards Committee of the Institute of Chartered Accountants in England and Wales (Hrsg.): Statement of Standard Accounting Practice (SSAP) No. 20 – Foreign Currency Translation, London 1983
CZM (2005)	Carl Zeiss Meditec AG (Hrsg.): Geschäftsbericht 2005, Jena 2006
DVFA (1991)	Deutsche Vereinigung für Finanzanalyse und Anlageberatung e.V./Arbeitskreis "Externe Unternehmensrechnung" der Schmalenbach-Gesellschaft – Deutsche Gesellschaft für Betriebswirtschaft (Hrsg.): Ergebnis nach DVFA/SG – Gemeinsame Empfehlung/Earnings according to the DVFA/SG method – joint recommendation, Stuttgart 1991
EStDV	Einkommensteuer-Durchführungsverordnung in der Fassung der Bekanntmachung vom 24. Juli 1986, zuletzt geändert durch das Vereinsförderungsgesetz vom 18. Dezember 1989
FASB (1988)	Financial Accounting Standards Board (Hrsg.): Accounting Standards – Current Text – General Standards, Homewood/ Illinois 1988
IdW (1992)	Institut der Wirtschaftsprüfer in Deutschland e.V. (Hrsg.): Wirtschaftsprüferhandbuch 1992 – Handbuch für Rechnungslegung, Prüfung und Beratung, Band 1, 10. Auflage, Düsseldorf 1992

Wird im Textteil oder in den Fußnoten auf mehrere Gesetze, Rechtsverordnungen, Verwaltungserlasse und/oder sonstige Rechtsquellen und Urteile verwiesen, so können die verwendeten Originalquellen auch in einem gesonderten Verzeichnis aufgeführt werden. Dieses könnte zum Beispiel die naheliegende Überschrift „**Rechtsquellen- und Urteilsverzeichnis**" tragen und ebenfalls zweispaltig aufgebaut sein. In der linken Spalte sind hier in alphabetischer Reihenfolge die Abkürzungen der Gesetze usw. einzutragen, in der rechten Spalte befinden sich die vollständigen und ausführlichen Quellenangaben. Statt der alphabetischen Reihenfolge ist auch eine **Rechtsquellenrangfolge** wie folgt denkbar: Verfassungen, Gesetze, Verordnungen, Richtlinien, Erlasse und Verfügungen (geordnet nach Oberste Bundesbehörden, Oberste Landesbehörden, Oberbehörden und Unterbehörden) sowie evtl. Regierungs- und Referentenentwürfe. Der Aufbau des **Urteilsverzeichnisses** – auch häufig Urteilsregister oder Rechtsprechungsverzeichnis genannt – sollte sich nach dem Alter des Gerichtes und nach dessen Stellung richten. Folgende Reihenfolge der Nennung wird empfohlen: RG, RFH, BVG, BGH, OLG, LG, AG, BFH und FG. Die Zivilgerichte erscheinen dabei vor den Verwaltungsgerichten.

Beispiel: Gesetzestexte etc. mit zweispaltigem alphabetischem Aufbau

AktG	Aktiengesetz vom 6. September 1965 mit allen späteren Änderungen einschließlich der Änderungen durch das Gesetz zur Umsetzung der EG-Einlagensicherungsrichtlinie und der EG-Anlegerentschädigungsrichtlinie vom 16. Juli 1998
EGHGB	Einführungsgesetz zum Handelsgesetzbuch in der Fassung der Bekanntmachung vom 10. Mai 1897 mit allen späteren Änderungen einschließlich der Änderungen durch das Handelsrechtsreformgesetz vom 22. Juni 1998
EStDV	Einkommensteuer-Durchführungsverordnung in der Fassung der Bekanntmachung vom 24. Juli 1986, zuletzt geändert durch das Vereinsförderungsgesetz vom 18. Dezember 1989
HGB	Handelsgesetzbuch in der Fassung der Bekanntmachung vom 10. Mai 1897 mit allen späteren Änderungen einschließlich der Änderungen durch das Transportrechtsreformgesetz vom 25. Juni 1998

Beispiel: Rechtsquellen- und Urteilsverzeichnis mit einspaltigem Aufbau

BMF-Schreiben vom 13.01.1993, IV B 3 – S 2190 – 37/92, in: Bundessteuerblatt
I 1993, S. 80-83
Schreiben des Bayerischen Staatsministeriums der Finanzen vom 20.10.1993, in:
Deutsches Steuerrecht (Zeitschrift) 1994, S. 44
Oberfinanzdirektion Hannover vom 18.12.1991, S – 2196 – 38 – StH 221 / S 2196
– 15 - Sto 221, in: Die Wirtschaftsprüfung (Zeitschrift) 1992, S. 165

Reichsfinanzhof-Urteil vom 27.03.1928, I A 470/27, in: Steuer und Wirtschaft (Zeitschrift), 7 Jg., 1928 II, Sp.705

Reichsfinanzhof-Urteil vom 08.11.1933, VI A 1488/31, in: Reichssteuerblatt 1934, S. 295-296

Bundesverfassungsgerichts-Beschluss vom 24.06.1992, 1 BVR 459/87, in: Bundessteuerblatt II 1992, S. 774-778

Bundesgerichtshof-Urteil vom 17.03.1982, Iva ZR 27/81, in: Der Betrieb (Zeitschrift) 1982, S. 1404-1405

Bundesfinanzhof-Urteil vom 03.02.1969, GrS 2/68, in: Bundessteuerblatt II 1969, S. 291

Bundesfinanzhof-Urteil vom 19.07.1993, GrS 1/92, in: Bundessteuerblatt II 1993, S. 894-896

Bundesfinanzhof-Gutachten vom 05.05.1963, I D 2/56, in: Bundessteuerblatt III 1963, S. 224

Finanzgericht Köln, Urteil vom 19.7.1990, 4K 1792/89, in: Entscheidungen der Finanzgerichte (Zeitschrift) 1991, S. 21

Bei **juristischen und steuerrechtlichen Arbeiten** empfiehlt sich gegebenenfalls sogar jeweils ein eigenständiges Verzeichnis für die oben angeführten Kategorien, z.B. „Verzeichnis der Gesetze, Durchführungsverordnungen und Richtlinien", „Verzeichnis der Verwaltungserlasse und -anordnungen" und „Urteilsverzeichnis"; unter Umständen könnte ein Urteilsverzeichnis noch weiter untergliedert werden in „Entscheidungen des RFH", „Entscheidungen des BVG", „Entscheidungen des BGH", „Entscheidungen des BFH" und „Entscheidungen der Finanzgerichte" usw. Von der Nutzung dieser zusätzlichen Verzeichnisse wird aber in Praktikums- und Seminararbeiten abgeraten. Lediglich bei Bachelor-, Master- oder Diplomarbeiten kann eine derartige Strukturierung gelegentlich sinnvoll sein. Im Übrigen gilt auch hier der Grundgedanke, dass die Anzahl der eingerichteten Verzeichnisse in einem vernünftigen Verhältnis zu der Anzahl der zitierten Rechtsquellen und Urteile stehen sollte, also: *Nicht übertreiben!*

Findet sich die Quelle im **Internet**, ist die Literaturangabe so zu gestalten, dass sie eindeutig identifiziert, lokalisiert und zeitlich zugeordnet werden kann. Die Lokalisierung wird üblicherweise durch den URL, die zeitliche Zuordnung durch die Angabe des Zugriffsdatums gewährleistet. Quellenangaben aus dem Internet können entweder in das Literatur- bzw. Quellenverzeichnis in der üblichen Form – also in alphabetischer Reihenfolge – integriert werden oder es besteht die Möglichkeit, sofern derartige Angaben häufiger vorkommen, ein eigenständiges Verzeichnis dafür aufzumachen, z.B. „Verzeichnis der Internet-Quellen".

Beispiel: Verzeichnis der Internet-Quellen

Adidas Group (Hrsg.): Geschäftsbericht 2005, URL: http://www.investis.com/ reports/ads_ar_2005_de/reort.php?type=0 vom 10.4.2006

Buerke, Günter: Global Perspectives on Undergraduate Programs, 2. Auflage, URL: http://www.bw.fh-jena.de/internet/SP_Marketing.nsf/wFrameset3? OpenFrameSet.pdf vom16.7.2005

Bundesministerium der Justiz (Hrsg.): Mitteilungen – Rechnungslegungs-, Prüfungs- und Offenlegungsvorschriften für Kapitalgesellschaften & Co ab dem Geschäftsjahr 2000, URL: http://www.bmj.bund.de/inhalt.htm vom 7.11.2000

Deutsches Rechnungslegungs Standards Committee (Hrsg.): Entwurf des Deutschen Rechnungslegungs Änderungsstandards Nr. 3 – E-DRÄS 3 vom 4.2.2005, URL: http://www.standardsetter.de/drsc/docs/press_releases/E-DRAES_3_website.pdf vom 13.7.2005

Gabler Verlag (Hrsg.): Gabler Lexikon Logistik – Supply Chain Management, URL: http://www.gabler-online.de vom 7.11.2000

Handelsblatt (Hrsg.): Wirtschaft als neuer Partner der staatlichen Entwicklungshilfe, URL: http://www.handelsblatt.com/hbiwwwangebot/fn/relhbi/sfn/ buildhbi/cn/bp_artikel/docid/345716/strucid/PAGE_200013/pageid/PAGE_ 200050/ SH/O/depot/O/index.html vom 7.11.2000

International Accounting Standards Board (Hrsg.): IASB and IASC Foundation News, URL: http://www.iasb.org/news/index.asp vom 25.4.2006

Sauer, Thomas/Stoetzer, Matthias: VWL I: Mikroökonomie, Lektüreplan, Fachhochschule Jena, Volkswirtschaftslehre, URL: http://www.bw.fh-jena. de/www/cms.nsf/id/DE_LekturezumSelbststudium/$file/Vorbereitungslek% C3%Bcre_WS_05_06.doc vom 17.3.2006

Wikipedia Foundation Inc. (Hrsg.): Geschäftsprozessoptimierung, URL: http://de. wikipedia.org/wiki/Gesch%C3%A4ftsprozessoptimierung vom 31.8.2007

Ist die Internet-Adresse so lang, dass sie nicht in eine Zeile passt, sollte sie am Zeilenende nicht mit einem Trennstrich, sondern ohne Trennzeichen nach einem Schrägstrich oder Punkt erfolgen. Der Trennstrich könnte sonst leicht als URL-Bestandteil missverstanden werden. Aus diesem Grunde sollte die URL auch nicht mit einem Punkt abgeschlossen werden.

Bei Webseiten kann der Autor und der Titel oft nicht immer eindeutig identifiziert werden. In einem solchen Fall ist der Herausgeber (Besitzer) der Webseite zu nennen, z.B.

Siemens AG. Als Titel könnte dann die erste Überschrift verwendet werden, z.B. Geschäftsbericht 2007. Bei Unternehmensinformationen, die aus einer Datenbank stammen, ist als Quelle der Herausgeber (Besitzer) der Datenbank zu nennen, z.B. Thomson Financial Datastream.

Gelegentlich ist es erforderlich, sich erst auf der Homepage anzumelden. Erst danach kann man auf ein gewünschtes Dokument zugreifen. In diesen Fällen sollte ein Hinweis direkt hinter der Internet-Quelle erfolgen (vgl. hierzu Rossig, W.E./Prätsch, J. (1998), S. 86).

Gelegentlich wird von den Betreuern gefordert, die entsprechenden Internet-Seiten auszudrucken und der Arbeit beizulegen. In diesem Fall müsste das Literaturverzeichnis um einen „Anhang der zitierten Internet-Literatur" ergänzt werden. Auch wenn ein solcher Anhang nicht gefordert ist, sollte der Verfasser auf alle Fälle die ausgedruckten Quellen archivieren und für Anforderungen durch den Prüfer und Leser bereithalten.

Im Übrigen müssen auch Informationen, die von **CDs** und **DVDs**, aus **Videos** und **Filmen** sowie aus dem **Radio** oder **Fernsehen** stammen, im Literaturverzeichnis festgehalten werden. Für sie gelten prinzipiell die gleichen Regeln wie für Bücher und Zeitschriften (vgl. hierzu genauer Rossig, W.E./Prätsch, J. (1998), S. 88 f.).

Beispiele: CD-ROM und Videoaufzeichnungen

Gabler Verlag (Hrsg.): Gabler Wirtschaftslexikon, 13. Auflage, CD-ROM, Wiesbaden 1993

Rosenberg, Otto/Weber, Wolfgang: Telekolleg II – Betriebliches Rechnungswesen, Videokassette, Wiesbaden 1988

Weber, Wolfgang: Telekolleg II – Betriebswirtschaftslehre, Videokassette, Wiesbaden 1992

Sinngemäß gelten die genannten Formvorschriften auch für **mündliche oder schriftliche Auskünfte**. Die Quellenangabe beginnt mit dem Namen (ausnahmsweise auch Titel) und Vornamen sowie der Stellung des Auskunftsgebers einschließlich Institution. Anzugeben ist ferner, ob die Auskunft mündlich, telefonisch oder schriftlich (z.B. per Brief oder E-Mail) erhalten wurde. Abgeschlossen wird die Quellenangabe mit dem Datum der Auskunft.

3.11 Ehrenwörtliche Erklärung

Bei der Abgabe der Bachelor-, Master- und Diplomarbeit hat der Kandidat schriftlich zu versichern, dass er die Arbeit selbstständig verfasst und keine anderen als die angegebenen Quellen und Hilfsmittel benutzt und Zitate kenntlich gemacht hat. Bei einer Gruppenarbeit gilt dieses für seinen entsprechend gekennzeichneten Anteil an der gesamten Arbeit. Eine solche schriftliche Versicherung wird als „ehrenwörtliche Erklärung" oder gelegentlich als „eidesstattliche Versicherung" bezeichnet.

Eine eigene Seitenzählung für die ehrenwörtliche Erklärung erfolgt üblicherweise nicht. Sie wird am Ende der Arbeit eingelegt und mit gebunden.

Im Folgenden ist die ehrenwörtliche Erklärung des Fachbereichs Betriebswirtschaft an der Fachhochschule Jena abgedruckt. Es ergeben sich bezüglich des genauen Wortlauts zwischen den Fachbereichen und den Hochschulen geringfügige Abweichungen, die unbedingt beachtet werden müssen. Der genaue Text steht im Allgemeinen in der Studien- und Prüfungsordnung des Instituts.

Beispiel:

Ich versichere, dass ich die vorliegende Arbeit selbstständig und ohne unerlaubte Hilfe Dritter verfasst und keine anderen als die angegebenen Quellen und Hilfsmittel verwendet habe. Alle Stellen, die inhaltlich oder wörtlich aus Veröffentlichungen stammen, sind kenntlich gemacht. Diese Arbeit lag in gleicher oder ähnlicher Weise noch keiner Prüfungsbehörde vor und wurde bisher noch nicht veröffentlicht.

Ort, Datum   Unterschrift

Bei Gruppenarbeiten könnte die Erklärung wie nachstehend abgedruckt aussehen. Wichtig ist, dass jeder Diplomand die von ihm selbst verfassten Teile der Gruppenarbeit entweder in der ehrenwörtlichen Erklärung selbst oder unmittelbar darunter (vor der Unterschrift) auflistet.

Beispiel:

Ich versichere, dass ich die von mir angefertigten Teile der vorliegenden Gruppenarbeit selbstständig und ohne unerlaubte Hilfe Dritter verfasst und

keine anderen als die angegebenen Quellen und Hilfsmittel verwendet habe.
Alle Stellen, die inhaltlich oder wörtlich aus Veröffentlichungen stammen,
sind kenntlich gemacht. Diese Arbeit einschließlich meines Teils lag in gleicher oder ähnlicher Weise noch keiner Prüfungsbehörde vor und wurde bisher noch nicht veröffentlicht.

Ort, Datum   Unterschrift

Übrigens: Eine ehrenwörtliche Erklärung ist nur bei Abschlussarbeiten obligatorisch.
Für Praktikums- und Seminararbeiten ist sie nicht vorgeschrieben und damit überflüssig.

3.12 Publizitätssperre

Häufig werden Bachelor-, Master- und Diplomarbeiten unmittelbar in und für Unternehmen erstellt; dies gilt insbesondere für Fachhochschulen. Sie enthalten dann nicht selten
betriebsbezogene und sensible Informationen wie Personal- und Kostendaten, Organi-
gramme oder Prozessablaufpläne. Möchte die Unternehmensführung bzw. der Firmenbetreuer nicht, dass diese Informationen der breiten Öffentlichkeit zur Verfügung gestellt werden, muss darauf **explizit in der Abschlussarbeit hingewiesen** werden. Dies
kann beispielsweise dadurch geschehen, dass ein Blatt mit einer solchen Publizitätssperre am Anfang der Arbeit eingelegt wird. Der Text könnte etwa wie folgt lauten:

Beispiele:

Nicht für die Ausleihe zugelassen.

oder, falls die Publizitätssperre zeitlich begrenzt werden soll:

Für einen Zeitraum von fünf Jahren nicht für die Ausleihe zugelassen.

Üblicherweise werden Abschlussarbeiten im Archiv der zuständigen Hochschulbibliothek zehn Jahre aufbewahrt und können während dieses Zeitraumes mittels eines speziellen Verzeichnisses von interessierten Personen aufgefunden und eingesehen werden.
Nach Ablauf der Aufbewahrungsfrist werden die Arbeiten entweder an die Kandidaten
ausgehändigt oder vernichtet. Das genaue Procedere kann man in der Informationsstelle
des Archivs erfragen.

Praktikums- und Seminararbeiten verbleiben in der Regel beim Hochschulbetreuer und sind insofern für Außenstehende nicht zugänglich. Eine Publizitätssperre erübrigt sich daher.

4   Ratschläge zur Themenwahl

Häufig kann der Studierende ein Thema vorschlagen, das er gerne bearbeiten möchte. Ein geeignetes Thema zu finden ist nicht so einfach, wie man zunächst annimmt. Folgende **Grundsätze** sollten dabei beachtet werden:

- Das Thema sollte den eigenen Interessen des Bearbeiters entsprechen.
- Das Thema darf nicht zu allgemein und nicht trivial sein. Das Anspruchsniveau muss gewahrt bleiben. Dieses ist bei Master- und Diplomarbeiten höher als bei Bachelorarbeiten, danach folgen Seminararbeiten und schließlich Praktikumsarbeiten.
- Die methodischen Ansprüche müssen dem Erfahrungsbereich des Kandidaten entsprechen.
- Die veranschlagte Zeit muss ausreichen, um das Thema umfassend bearbeiten zu können. Studierende neigen dazu, Fragestellungen zu wählen, die zu umfangreich und damit in der vorgegebenen Zeit nicht beantwortbar sind.
- Es müssen Literaturquellen in ausreichendem Maße vorhanden sein.

Anregungen für brauchbare Themenstellungen ergeben sich oft aus Gesprächen mit Dozenten und Praktikern, aus Lehrveranstaltungen und last not least aus der jüngeren Fachliteratur.

Themen wie *Das Rechnungswesen im internationalen Vergleich* oder *EDV-orientiertes Rechnungswesen* sind völlig ungeeignet, da eine Konkretisierung fehlt. Themen mit einem derartigen Umfang eignen sich – wenn überhaupt – für Dissertationen, Habilitationen oder sonstige Forschungsprojekte, aber nicht für Master- und Diplom- oder gar Bachelor- und Seminararbeiten. Ebenso unbrauchbar sind Fragestellungen, die in der Literatur bereits vollständig aufgearbeitet sind, z.B. *Darstellung der Amortisationsrechnung im Rahmen der Investitionsrechnung.*

Unter Studierenden und Dozenten an Fachhochschulen gleichermaßen beliebt sind **praxisorientierte Themenstellungen**, die soweit möglich direkt, d.h. vor Ort im Unternehmen angefertigt werden. Solche Arbeiten zeigen am besten, ob der Student wissenschaftliche Methoden und Techniken zur Lösung praktischer Probleme einsetzen kann.

<u>Beispiele</u> für praxisorientierte Bachelor-, Master- und Diplomthemen

Konzeption eines entscheidungsorientierten Berichtswesens im Rahmen des Logistikcontrollings – dargestellt am Beispiel eines mittelständischen Automobilzulieferers –

Erarbeitung eines Konzeptes zur Qualifizierung des Kreditmanagements – dargestellt am Beispiel eines exportorientierten Unternehmens der feinmechanisch-optischen Industrie –

Aufbau einer entscheidungsorientierten Kostenträgerstückrechnung für einen Serienfertiger der Möbelindustrie

Um gleich mit einem nicht selten anzutreffenden Missverständnis aufzuräumen, folgender Hinweis zu praxisorientierten Seminar-, Bachelor-, Master- und Diplomarbeiten. Eine solche praxisorientierte Arbeit ist keine ausschließliche Beschreibung der Vorgehensweise oder Methodik der zu analysierenden Organisation (z.B. Unternehmen XYZ). Auch eine praxisorientierte Arbeit bleibt im Kern eine wissenschaftliche Arbeit. Das heißt, es gilt **Theorie und Praxis** auf elegante Weise miteinander zu verknüpfen, um den Aussagegehalt der theoretischen Konzeption zu erhöhen. Basis einer solchen Arbeit ist in erster Linie die – *auf das zu lösende Problem der betrachteten Organisation ausgerichtete* – theoretische Komponente, die dann um praktische Beispiele, Vorgehensweisen, Methoden und/oder Instrumente ergänzt und meist mit einer kritischen Würdigung und gelegentlich mit einem Ausblick abgeschlossen wird. Selbstverständlich werden auch bei einer solchen Arbeit Literaturquellen herangezogen und Fußnoten gesetzt, um den Status quo aufzuzeigen, allerdings in der Regel weniger als bei einer reinen Literaturarbeit. Den höheren Stellenwert der Theoriekomponente gegenüber der Praxiskomponente erkennt man auch daran, dass es wissenschaftliche Gepflogenheit ist, den **Firmennamen in der Arbeit unerwähnt** zu lassen und lediglich von Muster- oder Beispielunternehmen zu sprechen. Das soll aber nicht daran hindern, das Unternehmen bzw. den Konzernverbund im einführenden Teil ausreichend vorzustellen.

Wenn man aus irgendeinem Grund zu einem bestimmten Thema keinen Bezug gewinnt, sollte man den Mut haben, es wieder aufzugeben und es mit einem **neuen Thema noch einmal zu probieren.**

5   Hinweise zur Materialsammlung

Der Bearbeiter hat selbstständig die erforderliche Literatur zu ermitteln und zu beschaffen sowie kritisch zu sichten und zu dokumentieren. Die vorgegebene Grundlagenliteratur ist systematisch um themenspezifische Titel zu erweitern. Alle Quellen sind bezüglich Alter, wissenschaftlichem Standort und Relevanz für das Thema zweckdienlich und ausgewogen auszusuchen.

> Eine zweckdienliche und ausgewogene Literaturauswahl lässt sich dann feststellen, wenn unter Berücksichtigung der jeweiligen Art der wissenschaftlichen Arbeit die **qualitativ und quantitativ angemessene Literatur** herangezogen wird.

Eine **qualitativ angemessene Literaturauswahl** ist zu testieren, wenn die zugrunde liegenden Literaturquellen seriös sind, d.h., die Quellen müssen kompetent, verlässlich, redlich und ernst zu nehmen sein.

Über die **Anzahl der heranzuziehenden Quellen** lassen sich keine pauschalen Aussagen machen. Maßgebliche Kriterien sind dabei sicherlich die Art des Textes, d.h., ob es sich um eine Praktikums-, Seminar-, Bachelor-, Master- oder Diplomarbeit handelt, der vorgegebene Zeitrahmen, der Umfang der unterschiedlichen Literaturmeinungen und die Neuigkeit der Problem- bzw. Fragestellung. „Wo nichts ist, kann man auch nichts holen!" Insbesondere für Bachelor-, Master- und Diplomarbeiten gilt, dass die gesamte für das Thema wesentliche nationale und internationale Literatur heranzuziehen ist.

Jede Literaturauswahl beginnt mit einer **gründlichen Literatur- und Datenbankrecherche**. Mit diesem Arbeitsprozess kann gar nicht früh genug begonnen werden. Eine Recherche ist eine unerlässliche Voraussetzung zur Anfertigung einer wissenschaftlichen Arbeit. Sie erfasst den neuesten Stand der Forschung und vermeidet das Übersehen wichtiger Erkenntnisse und das Neuentdecken von bereits Erfundenem. „Man sieht eben weiter, wenn man auf den Schultern anderer stehen kann" (Behrens, Ch.-U. (1989), S. 95). Diese „Schultern" kann man übrigens auch in anderen fachfremden Bereichen finden (*interdisziplinäres Arbeiten!*).

Auch wenn neue Informations- und Kommunikationsmedien (wie **Datenbanken** und **Internet**) dem Buch wesentliche Funktionen abnehmen, gehören doch die **Fachbücher** und vor allem die **Aufsätze in Zeitschriften**, die den aktuellsten Wissensstand widerspiegeln, für den Studierenden zu einer unverzichtbaren Informationsquelle. Fachbücher und Aufsätze werden daher im Folgenden vor den Datenbanken und dem Internet vorgestellt.

Ein Eckpfeiler für das wissenschaftliche Arbeiten sind nach wie vor die **Fachbücher**. Möchte man sich einen Überblick über das jeweilige Fachgebiet verschaffen, empfehlen sich Bibliografien, Lexika und Enzyklopädien sowie Nachschlagewerke und Handbücher. Oft helfen auch Sammelbände und Lehrbücher bei der Orientierung. Nach dem Studium der Grundlagenliteratur kann man zu einschlägigen Texten übergehen, die sich vertiefend mit einzelnen Fragestellungen beschäftigen.

Da man aus Zeitgründen nicht jedes Fachbuch von Anfang bis Ende lesen kann, muss man sich auf die wichtigsten Aspekte konzentrieren und vorab erst einmal ein Gefühl dafür entwickeln, diese bedeutenden Aspekte überhaupt erkennen und selektieren zu können. Es handelt sich dabei um eine Kunst, die durchaus erlernbar ist. Zunächst sollte man sich einen Überblick über das gesamte Werk verschaffen, erst danach folgt die Detailbetrachtung. Wichtig ist, ein Fachbuch nicht nur gelesen, sondern auch verstanden zu haben.

Bei der Literaturrecherche spielen neben den im Mittelpunkt stehenden Monographien sicherlich die nachstehenden **Zeitschriften** eine besondere Bedeutung, da sie kontinuierlich und aktuell gute Beiträge zum wirtschaftswissenschaftlichen Grundwissen respektive zur wissenschaftlichen Forschung publizieren. Die Periodika sind selbstverständlich nur eine Auswahl und nicht nach ihrem "Wert", sondern lediglich alphabetisch aufgelistet.

- Der Betrieb (DB);
- Betriebs-Berater (BB);
- Die Betriebswirtschaft (DBW);
- Betriebswirtschaftliche Forschung und Praxis (BFuP);
- Controller Magazin (CM);
- Controlling Berater (CB);
- Kostenrechnungspraxis (Krp);
- Neue Wirtschafts-Briefe (NWB);
- Steuern und Bilanzen (StuB);
- Unternehmensbewertung & Management (UM);
- Die Wirtschaftsprüfung (WPg);
- Zeitschrift für Betriebswirtschaft (ZFB);

- Zeitschrift für betriebswirtschaftliche Forschung (ZfbF);
- Zeitschrift für kapitalmarktorientierte Rechnungslegung (KoR).

Hilfreich sind häufig auch (natürlich je nach Themenstellung):

- Die Aktiengesellschaft (AG);
- Betrieb und Rechnungswesen: Buchführung – Bilanz – Kostenrechnung (BBK);
- Finanz-Rundschau (FR);
- GmbH-Rundschau (GmbHR);
- Die Information über Steuer und Wirtschaft (Inf);
- Steuer & Studium (SteuerStud);
- Deutsches Steuerrecht (DStR);
- Deutsche Steuer-Zeitung (DStZ);
- Das Wirtschaftsstudium (WISU);
- Wirtschaftswissenschaftliches Studium (WiSt);
- Zeitschrift Führung und Organisation (ZFO);
- Zeitschrift für erfolgsorientierte Unternehmenssteuerung/Controlling (ZfC);
- Zeitschrift für Operations Research (ZfOR);
- Zeitschrift für Organisation (ZfO);
- Zeitschrift Interne Revision (ZIR).

Keiner Erwähnung bedarf, dass bestimmte Boulevardblätter und Zeitschriften wie „Bild", „Hörzu", „Für Sie" oder „Brigitte" in einer wissenschaftlichen Arbeit nichts zu suchen haben. Gleiches gilt für einen Teil der betriebswirtschaftlichen Praktikerliteratur, die meist nur plakative Äußerungen enthalten.

Zumindest die letzten Jahrgänge der o.g. Zeitschriften sind bei Abschlussarbeiten systematisch nach Fundstellen durchzusehen. Jahresinhaltsverzeichnisse und umfangreiche Schlagwortregister helfen bei der Recherche. Aber Achtung: Ziele der Literaturrecherche sind nicht das Kopieren und Bibliographieren! Die Literatursuche kann leicht ausufern und uneffektiv werden, wenn man nicht aufpasst. Im Allgemeinen ist es so, dass jede Literaturquelle wieder weitere Quellen zum Thema eröffnet, die wiederum Beiträge nennt usw. Das ist der so genannte *Schneeballeffekt*. Eine wertvolle Hilfestellung zur Verarbeitung von Fachliteratur und zum effektiven Lesen gibt der Aufsatz von Koeder, K.W. (1991), S. 367 ff., auf den hier ausdrücklich hingewiesen werden soll.

Erfolgversprechender, ergiebiger und schneller als die Literaturdurchsicht des bedruck-
ten Papiers in der eigenen Hochschulbibliothek sind zunehmend **Recherchen in exter-
nen Datenbanken** wie beispielsweise:

☞ GENIOS (Wirtschaftsdatenbank: Zeitungs- und Zeitschriftenartikel sowie einige
    Unternehmensdaten);
☞ LEXINFORM (Steuerrechts-Datenbank der DATEV e.G.);
☞ PROMT (**P**redicasts **O**verview of **M**arkets and **T**echnology: Wirtschaftsinforma-
    tionen insbesondere Zeitungs- und Zeitschriftenartikel, Unternehmensveröffent-
    lichungen und Forschungsberichte vom Anbieter Predicasts);
☞ JURIS (Juristisches Informationssystem für die Bundesrepublik Deutschland
    GmbH: Rechtsprechung, Rechtsliteratur und Verwaltungsvorschriften vom Anbie-
    ter Bund);
☞ BLISS (**B**etriebswirtschaftliche **L**iteratur-Suchsystem: Bibliographische Datenbank
    vom Anbieter Gesellschaft für Betriebswirtschaftliche Information).

Aber Achtung: Die Nutzung dieser Datenbanken ist nicht immer kostenlos!

Kostenlos ist die Recherche im **Internet**, sofern für die Studierenden von der Hochschule ein solcher Zugang bereitgestellt wird. Aber das sollte eigentlich selbstverständlich sein. Über das Internet mit seinen nahezu unerschöpflichen Informationsquellen hat
man weltweiten Zugang zu Bibliotheken, Universitäten, Fachhochschulen, Forschungs-
einrichtungen, Unternehmen und Verbänden oder sonstigen Datenbanken und Archiven.
Beispielsweise kommt man so an die sog. „graue Literatur", d.h. an themenbezogene
Veröffentlichungen, die außerhalb des Verlagswesens in Fachkreisen zirkulieren. Ferner
präsentieren viele Organisationen und Firmen insbesondere aktuelle Daten regelmäßig
auf ihrer Website. Hier ist in Minuten zu beschaffen, was sonst Stunden oder Tage
dauern würde. Nachstehend sind einige interessante Adressen von **Bibliotheken im
Internet** abgedruckt:

🖥 http://www.hbz-nrw.de/hbz/germlst (Bibliotheksverzeichnis „Deutsche Bibliothe-
    ken Online" des Hochschulbibliothekszentrums NRW);
🖥 http://www.grass-gis.de/bibliotheken (Link-Sammlung zu deutschsprachigen Bib-
    liotheken);
🖥 http://wwwbs.cs.tu-berlin.de/bibliotheken/index.html (Link-Sammlung zu
    deutschsprachigen Bibliotheken);
🖥 http://lists.webjunction.org/libweb/ (Verzeichnis von Bibliotheken weltweit);

- http://www.ubka.uni-karlsruhe.de/kvk.html (Karlsruher Virtueller Katalog, Suchmaschine für www-Bibliothekskataloge; über 24 Millionen Titel);
- http://www.ddb.de (Deutsche Bibliothek in Frankfurt am Main mit allen deutschsprachigen Publikationen);
- http://z3950gw.dbf.ddb.de (Open Public Access Catalog OPAC der angeschlossenen Universitätsbibliotheken);
- http://www.infoball.de (Fachliteratur-Recherche in den größten Bibliotheken der Welt);
- http://lcweb.loc.gov (amerikanische Library of Congress; größte Bibliothek der Welt);
- http://webopac.server.uni-frankfurt.de (Bibliothekskatalog der Frankfurter Uni);
- http://webis.sub.uni-hamburg.de (überregionale Sondersammelgebiete der Staats- und Universitätsbibliothek Hamburg).

Erwähnenswert sind in diesem Zusammenhang die Buchhandlungen im Internet, die so genannten **Versandbuchhandlungen**. Hier lassen sich auf sehr komfortable Weise lieferbare Bücher aus allen Fachrichtungen suchen, anschauen und bestellen. Suchkriterien sind beispielsweise Stichworte, Titel, Autor, Verlag oder Preis. Wird der Benutzer fündig, lassen sich alle wichtigen Informationen wie ISBN (Internationale Standard-Buchnummer) ausdrucken. Umfangreiche Datensammlungen bieten beispielhaft folgende Internet-Dienste und -Bookshops an:

- http://www.abebooks.de (Marktplatz für neue und gebrauchte Bücher);
- http://www.amazon.de bzw. amazon.com (amerikanische Bücherdatenbank mit über 4,7 Mio. lieferbarer, meist englischsprachiger Titel);
- http://www.bol.de;
- http://www.booxtra.de;
- http://www.buch.de;
- http://www.buchhandel.de (umfassendste bibliografische Datenbank deutschsprachiger Bücher basierend auf dem Verzeichnis lieferbarer Bücher (kurz VlB) der Buchhändlervereinigung);
- http://www.buchkatalog.de;
- http://www.buecher.de;
- http://www.buecherwurm.de;
- http://www.fachbibliothek.de;
- http://www.libri.de.

Bei den meisten Internet-Buchhandlungen sind die Buchcover abgebildet und werden kurze Informationstexte zum Inhalt einschließlich Gliederung angeboten. Rezensionen können sowohl nachgelesen als auch selber verfasst und für alle zugänglich eingestellt werden. Die Bestellung der gewünschten Titel kann direkt auf der Homepage vorgenommen werden. Ab einer bestimmten Bestellhöhe ist die Auslieferung in der Regel sogar versandkostenfrei.

Enorm vereinfacht hat das World Wide Web die Suche nach **antiquarischen Büchern**. Verzeichnisse antiquarischer Bücher enthalten beispielsweise folgende Adressen:

- http://www.zvab.de;
- http://www.antbo.de.

Eine schnelle und effiziente Recherchemöglichkeit ist das Zurückgreifen auf bereits aufgearbeitete, strukturierte und geprüfte **Linksammlungen**. Fachliche und wissenschaftsgerechte Linksammlungen finden sich häufig auf den Webseiten von Universitäten, Fachhochschulen, Fachbereichen, Instituten oder Bibliotheken. Mit etwas Glück stößt man sogar auf besonders ergiebige kommentierte Listen fachlich einschlägiger Links. Am einfachsten ist es zunächst einmal bei der eigenen Bibliothek bzw. Hochschule nachzuschauen.

Für das Internet gilt das prinzipiell Gleiche wie für die oben angesprochenen Fachbücher und -zeitschriften. Jedoch muss gerade bei diesem Medium darauf geachtet werden, dass man sich nicht in den Weiten des virtuellen Raums verliert, sondern **zielstrebig und effizient vorgeht**. Ferner sind die Informationen aus dem Internet immer mit äußerster Behutsamkeit und gesundem Misstrauen zu behandeln, da der Anteil **unseriöser Informationen** gegenüber den traditionellen Druckmedium erfahrungsmäßig höher liegt. Letztendlich steht nur der Anbieter für den ersten Anschein von Vertrauenswürdigkeit. Bestehen die geringsten Zweifel an der Qualität, sollte die Informationsquelle nicht verwandt werden. Bei renommierten nationalen und internationalen Instituten und Firmen einschließlich Verlagen kann dagegen unterstellt werden, dass die auf ihrer Homepage bereitgestellten Daten einer gewissen Qualitätskontrolle unterliegen.

Sind die passenden Literaturquellen gefunden und analysiert worden und hat man brauchbare Gedanken oder Ausführungen selektieren können, müssen diese Funde dokumentiert, organisiert und zur eventuellen Verwendung bereitgehalten werden, damit sie nicht wieder verloren gehen. Dieses kann man althergebracht mit Karteikästen oder modern mit Textverarbeitungsprogrammen machen. Mittlerweile gibt es aber auch

speziell auf die Problematik der **Literaturverwaltung und Wissensorganisation** ausgerichtete Software. Solche Systeme helfen bei der Online-Recherche und beim Daten-
import, bei der Quellenverwaltung, bei der Organisation von Erkenntnissen, bei der
Aufgabenplanung und bei der Anfertigung des Manuskriptes respektive der Publikation.
Ein bekanntes Beispiel für eine solche Software ist Citavi (weiteres findet man unter
http://www.citavi.com). Mal reinschauen lohnt sich!

Insgesamt lässt sich festhalten, dass der Materialsammlung ein enormer Stellenwert
beizumessen ist und der spätere Erfolg bereits in dieser Phase maßgeblich mitbestimmt
wird. Jedoch ist über der Lektüre nicht das Ziel, nämlich das Anfertigen einer Diplom-,
Master-, Bachelor-, Seminar- oder Praktikumsarbeit, aus den Augen zu verlieren.

6   Hinweise zur Zeiteinteilung

Der Student, der eine wissenschaftliche Arbeit anfertigen möchte, sollte auf eine
richtige Zeiteinteilung achten. Insbesondere eine Master- bzw. Diplomarbeit und in ein-
geschränktem Maße auch eine Bachelorarbeit sind wie ein kleineres Projekt mit einer
entsprechenden **Projektbetreuung** und **Zeitüberwachung** zu betrachten. Die Zeit ist
"knapper" als man zunächst denkt. Nicht selten verschätzen sich die Bearbeiter, mit der
dann unvermeidbaren Folge, dass das absolut notwendige letzte Durchlesen vor der
Abgabe unterbleibt. Manchmal wird die Arbeit noch in einer "Nacht und Nebel"-Aktion
„zusammengeschustert" und auf die letzte Minute eingereicht. Häufig stellt sich bei solchen Werken heraus,   dass die Seitenzahlen nicht stimmen oder dass es vergessen
wurde, die Gliederung zu aktualisieren. Alles dies macht keinen guten Eindruck und beeinflusst unnötig die Gesamtbeurteilung der Arbeit.

Also:

> Man sollte den verfügbaren Bearbeitungszeitraum so einteilen, dass noch
> genügend Zeit verbleibt, seine Niederschrift noch einmal in sachlicher, sti-
> listischer und formeller Hinsicht sorgfältig durchlesen zu können. Der Ver-
> fasser gewinnt dadurch nochmals einen Gesamteindruck von seiner Arbeit
> und findet dabei noch den einen oder anderen Fehler, den er rechtzeitig be-
> heben kann.

Um den Zeitdruck zu vermeiden, ist also eine durchdachte Planung der für die jeweilige Arbeit zur Verfügung stehende Zeit unerlässlich und eine fundamentale Voraussetzung für den Erfolg. Folgende **Tipps** sind manchmal Gold wert:

- Die Arbeit sollte zügig begonnen werden. Wer von Tag zu Tag den Beginn der wissenschaftlichen Arbeit vor sich herschiebt, fällt immer mehr in ein Motivationsloch und resigniert schließlich.
- Nur wer kontinuierlich arbeitet, wird die gewünschten Leistungen erzielen. „Hängephasen" sind also während der Laufzeit der Arbeit unangebracht. Dazu zählen im weitesten Sinne auch „Scheinarbeiten", wie etwa das *ewige* Recherchieren, um sich vor dem Schreiben zu drücken.
- Das tägliche Arbeitspensum sollte nicht zu hoch angesetzt und individuell abgestimmt werden. Mehr als sechs Stunden täglich am Schreibtisch sind im Allgemeinen ineffizient. Es ist sinnvoll, vorher bestimmte Zeiten für Arbeit und Freizeit festzulegen. Zu beachten ist, dass jeder Student eine persönliche Leistungskurve ausweist. Die Leistungsfähigkeit ist bei den meisten Menschen am frühen Vormittag am höchsten, sie nimmt dann zu Mittagszeit hin ab und steigt erst wieder am späten Nachmittag. Wichtig sind regelmäßige entspannende Pausen und längere Spaziergänge zur Erholung des Körpers. Mehrere kürzere Pausen haben einen höheren Erholungswert als wenige lange Pausen.
- Zur Pflichtaufgabe gehört eine grobe Zeitplanung, d.h., es sollten Meilensteine festgelegt werden, wie beispielsweise Literaturrecherche, Lektüre, Gliederung, Kapitel A, B und C, Korrekturlesen. Liegt der Arbeit ein genauer Abgabetermin zugrunde, ist von diesem ausgehend retrograd vorzugehen. Eventuell muss die ursprüngliche Zeiteinteilung – mit Ausnahme des Redigierens – korrigiert werden, weil manche Schritte mehr Zeit brauchen, andere wiederum weniger. Die Zeitplanung muss flexibel gehandhabt und laufend aktualisiert werden. Es empfiehlt sich, eine gewisse Zeitreserve vorzusehen.

Bänsch schlägt folgenden Zeitplan für eine dreimonatige Diplomarbeit vor (vgl. Bänsch, A. (1998), S. 35):

1.	Materialsammlung	4 Wochen
2.	Sichten und Ordnen des Materials und Erstellen einer Arbeitsgliederung (vorläufige Gliederung)	1 Woche
3.	Schreiben der Erstfassung mit evtl. punktuellem Nachrecherchieren von Literatur	5 Wochen

4.	Überarbeitung und Erarbeitung der Endfassung (inkl. Reinschrift, Formatierung und Korrektur)	3 Wochen
		13 Wochen

7   Anmerkungen zur Bewertung

Viel schwieriger als man denkt, ist die Bewertung einer wissenschaftlichen Arbeit. Jede Note setzt sich aus objektiven Kriterien, aber auch vielen subjektiven Aspekten zusammen, die allesamt gewichtet und zu einer Gesamtnote zusammengeführt werden müssen. Hier helfen im Allgemeinen nur Erfahrungswerte.

Dennoch gibt es bestimmte Anhaltspunkte, die eine gute von einer schlechten Arbeit unterscheiden. Bezüglich der **Beurteilung und Bewertung** spielen insbesondere folgende Aspekte eine Rolle:

☞ Systematisierung und Strukturierung der Gesamtdarstellung (Gliederung), Aussagefähigkeit der Gliederung, formal korrektes Inhaltsverzeichnis.

☞ Ordnungsmäßigkeit des Deckblattes und der sonstigen Verzeichnisse wie Abbildungs- und Abkürzungsverzeichnis.

☞ Erkennen des Problems, Ableiten und Formulieren des Problems im Abstract und in einer eigenständigen Problemstellung.

☞ Zweckmäßigkeit der Definitionen, klare Anzeige der verwendeten Prämissen.

☞ Vollständigkeit der inhaltlichen Abhandlung unter Berücksichtigung des Typs der wissenschaftlichen Arbeit. Es dürfen keine wesentlichen Aspekte unterschlagen werden, lediglich eine zweckmäßige Abgrenzung des Themas ist erlaubt.

☞ Art der Behandlung (Taxonomie = Ordnungssystem, das die Lernziele vom einfachen Wissen bis zur kritischen und konstruktiven Auseinandersetzung gliedert):

1. Stufe: nur deskriptiv, Wiedergabe der Literatur, Reproduktion:
Charakteristische Tätigkeiten der 1. Stufe sind: nennen, hersagen, referieren, aufführen, aufzählen, angeben, aufzeigen etc.

2. Stufe: reorganisierend, verstehend:
Charakteristische Tätigkeiten der Ebene 2 sind: erkennen, darstellen, erläutern, beschreiben, erklären, ordnen, vergleichen, identifizieren, gegenüberstellen, abgrenzen etc.

3. Stufe: analytisch-kritisch, eigenes Beurteilungsvermögen:
Charakteristische Tätigkeiten der 3. Stufe sind: interpretieren, ableiten, anfertigen, übertragen, berechnen, ausführen, zeichnen, begründen, lösen, beurteilen usw.

4. Stufe: aufbauend, kreativ, konstruktiv, eigene Lösungsvorschläge:
Typische Tätigkeiten dieser höchsten Ebene sind: analysieren, ermitteln, finden, konstruieren, reflektieren, auswerten, selbstständig bearbeiten, abwägen, entscheiden usw.

☞ Eigenständigkeit: Eine überdurchschnittlich intensive Inanspruchnahme von Betreuung zieht entsprechende Abzüge nach sich.

☞ Diktion (Stil, Schreibart und Ausdrucksweise):
- ableitend, begründend, statt behauptend;
- argumentierend (Beispiele sind nur zur Erklärung von Argumenten geeignet, können diese aber nicht ersetzen);
- reflektierend, d.h., es muss erkennbar sein, dass sich der Verfasser mit dem Thema auseinandersetzt und nicht nur Literaturausführungen übernimmt.

☞ Vermeidung von Widersprüchen, ungerechtfertigte Wiederholungen und themenfremde Passagen.

☞ Nähe zur Realität und Anwendungsbezug: Hat sich der Verfasser bemüht – und mit welchem Erfolg – den Bezug zur Realität herzustellen und naheliegende Informationen entsprechend zu nutzen? Im Fach „Bilanzierung und Bewertung" ist deswegen beispielsweise die entsprechende Auswertung aktueller Geschäftsberichte inklusive Lageberichte oder sonstiger praxisrelevanter Informationen fast immer geboten.

☞ Sprache, Wortwahl, Ausdrucksweise, Interpunktion, Grammatik, Rechtschreibung.

☞ Ordnungsmäßigkeit der Zitiertechnik, umfassende und bzgl. der unterschiedlichen Meinungen ausgeglichene Literatursichtung, kritische Auseinandersetzung mit der Literatur, formal korrektes Literaturverzeichnis.

☞ Zeiteinhaltung, Verlängerungen und Einhaltung der vorgegebenen Seitenzahl.

☞ Auch die äußere Form der Arbeit beeinflusst ihre Bewertung: Der Gesamteindruck wird mitentscheiden, wenn die Note "auf der Kippe steht".

Die Studien- und Prüfungsordnung der Thüringer Fachhochschulen sieht folgende **Kriterien für die Benotung** vor (§ 13):

1 = sehr gut

Die Note 'sehr gut' wird erteilt, wenn es sich um eine hervorragende Leistung handelt.

2 = gut

Die Note 'gut' wird erteilt, wenn es sich um eine Leistung handelt, die erheblich über den durchschnittlichen Anforderungen liegt.

3 = befriedigend

Die Note 'befriedigend' wird erteilt, wenn es sich um eine Leistung handelt, die durchschnittlichen Anforderungen entspricht.

4 = ausreichend

Die Note 'ausreichend' wird erteilt, wenn es sich um eine Leistung handelt, die trotz ihrer Mängel noch den Anforderungen genügt.

5 = nicht ausreichend

Die Note 'nicht ausreichend' wird erteilt, wenn es sich um eine Leistung handelt, die wegen erheblicher Mängel den Anforderungen nicht mehr genügt.

Zur differenzierten Bewertung der Prüfungsleistungen können einzelne Noten um 0,3 auf Zwischenwerte erhöht oder reduziert werden. Die Noten 0,7, 4,3, 4,7 und 5,3 werden nicht vergeben.

Häufig setzt sich die endgültige Note der Abschlussarbeit aus mehreren Teilnoten bzw. Teilpunkten zusammen, die dann zur Gesamtnote addiert werden. Bei einer maximal möglichen Punktezahl von 100 könnte sich beispielsweise folgende Gesamtnote errechnen:

Note	untere Punktegrenze	differenzierte Bewertung			obere Punktegrenze
1	96	$\leq$	1,0	$\leq$	100
	92	$\leq$	1,3	$<$	96
2	87	$\leq$	1,7	$<$	92
	83	$\leq$	2,0	$<$	87
	78	$\leq$	2,3	$<$	83

3	73	$\leq$ 2,7 $<$	78
	69	$\leq$ 3,0 $<$	73
	64	$\leq$ 3,3 $<$	69
4	59	$\leq$ 3,7 $<$	64
	50	$\leq$ 4,0 $<$	59
5	0	$\leq$ 5,0 $<$	50

Bei **Gruppenarbeiten** (Teamarbeiten) muss darauf geachtet werden, dass die von jedem Gruppenmitglied in eigener Verantwortung verfassten Teile bzw. Kapitel durch entsprechende Hinweise erkennbar und folglich einzeln bewertbar sind.

Häufig wird von Diplomanden die Bitte geäußert, doch einmal in eine gute bzw. sehr gute **Abschlussarbeit einsehen** zu dürfen. Da dies aber aufgrund des oben genannten Sperrvermerkes nicht immer möglich ist, sollen nachstehend zwei Diplomarbeiten genannt werden, die sogar über einen Verlag publiziert wurden und in denen der Hochschulbetreuer ein Geleitwort voran gesetzt hat, was wiederum darauf schließen lässt, dass diese Arbeiten sicherlich nicht zu den schlechteren gehören. Zu empfehlen ist beispielsweise die Orientierung an:

- Ingerling, Richard: Das Credit-Scoring-System im Konsumentenkreditgeschäft – Konzeption und Wirkung eines Rationalisierungsmittels in der Kreditwürdigkeitsprüfung, Berlin 1980
- Olshagen, Christoph: Prozeßkostenrechnung – Aufbau und Einsatz, Wiesbaden 1995

Wer auf einen ganzen Katalog von Diplomarbeiten zurückgreifen möchte, dem sei die Internetseite www.diplomarbeit.de empfohlen. Der Internetshop ermöglicht nicht nur die Recherche in einem ständig steigenden Pool von Arbeiten, sondern bietet auch gleich verschiedene Vermarktungsstrategien an. In der Detailansicht sind neben den bibliographischen Grunddaten wie Verfasser und Titel u.a. auch Hochschule, Abgabedatum, Note, Preis und eine Kurzbeschreibung erkennbar.

Anhang: Alte versus neue Rechtschreibung

alte Rechtschreibung	neue Rechtschreibung
Abschluß	Abschluss
achtgeben	Acht geben
Adreßbuch	Adressbuch
im allgemeinen	im Allgemeinen
allgemeingültig	allgemein gültig
allgemeinverständlich	allgemein verständlich
allzuoft	allzu oft
alles beim alten lassen	alles beim Alten lassen
andersdenkend	anders denkend
andersgeartet	anders geartet
aneinandergrenzen	aneinander grenzen
aneinanderreihen	aneinander reihen
angepaßt	angepasst
anläßlich	anlässlich
ansein	an sein
auf seiten	aufseiten, auch: auf Seiten
aufwendig	auch: aufwändig
auseinanderhalten	auseinander halten
außerstande	auch: außer Stande
bankrott gehen	Bankrott gehen
beidemal	beide Mal
beieinanderstehen	beieinander stehen
bekanntgeben	bekannt geben
jeder beliebige	jeder Beliebige
Beschluß	Beschluss
beschlußfähig	beschlussfähig
ich will im besonderen erwähnen ...	ich will im Besonderen erwähnen ...
im besonderen wie im allgemeinen	im Besonderen wie im Allgemeinen
bessergehen	besser gehen
es ist das beste, wenn ...	es ist das Beste, wenn ...
aufs beste	auch: aufs Beste
das erste beste	das erste Beste
bestehenbleiben	bestehen bleiben

Bestelliste	Bestellliste, auch: Bestell-Liste
um ein beträchtliches höher	um ein Beträchtliches höher
in betreff auf	in Betreff auf
bewußt	bewusst
in bezug auf	in Bezug auf
bleibenlassen	bleiben lassen
Börsentip	Börsentipp
Boß	Boss
breitgefächert	breit gefächert
Cash-flow	Cashflow
Cleverneß	Cleverness
Comeback	auch: Come-back
Common sense	Common Sense
Corpus delicti	Corpus Delicti
Countdown	auch: Count-down
dabeisein	dabei sein
dahinterkommen	dahinter kommen
darauffolgend	darauf folgend
darüberstehen (überlegen sein)	darüber stehen
darunterfallen	darunter fallen
daß	dass
datenverarbeitend	Daten verarbeitend
deplaziert	deplatziert
derartiges	derartiges
dessenungeachtet	dessen ungeachtet
des weiteren	des Weiteren
Differential	auch: Differenzial
aufs dringendste	auch: aufs Dringendste
drinsein	drin sein
jeder dritte	jeder Dritte
zum dritten	zum Dritten
die dritte Welt	die Dritte Welt
durchnumerieren	durchnummerieren
ebensogut	ebenso gut

ebensosehr	ebenso sehr
ebensoviel	ebenso viel
an Eides Statt	an Eides statt
sich zu eigen machen	sich zu Eigen machen
sein eigen nennen	sein Eigen nennen
auf das eindringlichste	auch: auf das Eindringlichste
das einfachste ist, wenn ...	das Einfachste ist, wenn ...
Einfluß	Einfluss
das/jeder einzelne	das/jeder Einzelne
im einzelnen	im Einzelnen
kein/als einziger	kein/als Einziger
eisenverarbeitend	Eisen verarbeitend
in englisch zusammenfassen	in Englisch zusammenfassen
Engpaß	Engpass
auf das engste verflochten	auf das Engste verflochten
Entschluß	Entschluss
erdölexportierend	Erdöl exportierend
erfaßbar	erfassbar
erfaßt	erfasst
Erlaß	Erlass
ernstzunehmend	ernst zu nehmend
der/die/das erstbeste	der/die/das Erstbeste
fürs erste	fürs Erste
zum ersten/zum zweiten	zum Ersten/zum Zweiten
das erstemal	das erste Mal
zum erstenmal	zum ersten Mal
ersteres	Ersteres
essentiell	auch: essenziell
existentiell	auch: existenziell
Exposé	auch: Exposee
Expreß	Express
die Idee fallenlassen	fallen lassen
Feedback	auch: Feed-back
fertigbringen	fertig bringen
fertigstellen	fertig stellen
festangestellt	fest angestellt

fettgedruckt	fett gedruckt
Floppy disk	Floppydisk, auch: Floppy Disk
folgendes ist ...	Folgendes ist ...
in Frage kommen/stellen	auch: infrage kommen/stellen
Full-time-Job	Fulltimejob, auch: Full-Time-Job
im ganzen gesehen	im Ganzen gesehen
im großen und ganzen	im Großen und Ganzen
gegeneinanderprallen	gegeneinander prallen
gegeneinanderstoßen	gegeneinander stoßen
aufs genaueste	auch: aufs Genaueste
genausogut	genauso gut
genausowenig	genauso wenig
gewinnbringend	Gewinn bringend
Gewißheit	Gewissheit
das/aufs gleiche	das/aufs Gleiche
gleichlautend	gleich lautend
gutbezahlt/-gelaunt	gut bezahlt, gut gelaunt
handeltreibend	Handel treibend
Handout	auch: Hand-out
Hard cover	Hardcover, auch: Hard Cover
haushalten	auch: Haus halten
mit Hilfe von	auch: mithilfe von
aufs höchste	auch: aufs Höchste
holzverarbeitend	Holz verarbeitend
Hunderte	auch: hunderte
im allgemeinen	im Allgemeinen
im besonderen	im Besonderen
im einzelnen	im Einzelnen
im folgenden	im Folgenden
im nachhinein	im Nachhinein
imstande	auch: im Stande
im voraus	im Voraus
im übrigen	im Übrigen
im vorhinein	im Vorhinein

in bezug auf	in Bezug auf
in Frage kommen	auch: infrage kommen
2jährig	2-jährig
Job-sharing	Jobsharing
Kennummer	Kennnummer, auch: Kenn-Nummer
klarsehen	klar sehen
bis ins kleinste	bis ins Kleinste
im kleinen	im Kleinen
Kommuniqué	auch: Kommunikee
Kompromiß	Kompromiss
Kongreß	Kongress
Kontrollampe	Kontrolllampe, auch: Kontroll-Lampe
krank schreiben	krankschreiben
Kunststofffolie	Kunststofffolie, auch: Kunststoff-Folie
er läßt	er lässt
zu Lasten	auch: zulasten
auf dem laufenden	auf dem Laufenden
laufenlassen	laufen lassen
Layout	auch: Lay-out
2mal	2-mal
meßbar	messbar
Meßdaten	Messdaten
im mindesten	im Mindesten
mißachten	missachten
Mißverständnis	Missverständnis
mit Hilfe	auch: mithilfe
alles mögliche	alles Mögliche
2monatig	2-monatig
Monographie	auch: Monografie
ich muß	ich muss
nachfolgendes	Nachfolgendes
im nachhinein	im Nachhinein

Nachlaß	Nachlass
als nächstes	als Nächstes
nahebringen	nahe bringen
neueröffnet	neu eröffnet
nichtssagend	nichts sagend
notleidend	Not leidend
auf Null stehen	auf null stehen
Nullösung	Nulllösung, auch: Null-Lösung
numerieren	nummerieren
obenstehend	oben stehend
offenbleiben	offen bleiben
des öfteren	des Öfteren
Paragraph	auch: Paragraf
plazieren	platzieren
pleite gehen	Pleite gehen
Potential	auch: Potenzial
potentiell	auch: potenziell
Prozeß	Prozess
zu Rate ziehen	auch: zurate ziehen
recht haben	Recht haben
Rechtens	rechtens
Regreß	Regress
richtigstellen	richtig stellen
Rußland	Russland
schlußfolgern	schlussfolgern
Schlußstrich	Schlussstrich, auch: Schluss-Strich
schuld haben	Schuld haben
sich etwas zuschulden kommen lassen	auch: sich etwas zu Schulden kommen lassen
schwerfallen	schwer fallen
selbständig	auch: selbstständig
selbsternannt	selbst ernannt
S-förmig	auch: s-förmig
so daß	sodass, auch: so dass

sogenannt	so genannt
alles sonstige	alles Sonstige
im speziellen	im Speziellen
stillegen	stilllegen
2stündig	2-stündig
Tausende	auch: tausende
Tip	Tipp
ein übriges	ein Übriges
im übrigen	im Übrigen
U-förmig	auch: u-förmig
umfaßt	umfasst
um so	umso
und ähnliches	und Ähnliches
unendlichemal	unendliche Mal
unerläßlich	unerlässlich
unrecht haben	Unrecht haben
unselbständig	auch: unselbstständig
verschiedenemal	verschiedene Mal
viel zuviel	viel zu viel
von seiten	vonseiten, auch: von Seiten
im voraus	im Voraus
Vorschuß	Vorschuss
des weiteren	des Weiteren
weitverbreitet	weit verbreitet
zum x-tenmal	zum x-ten Mal
sich zu eigen machen	sich zu Eigen machen
zugunsten	auch: zu Gunsten
zur Zeit (von gerade jetzt)	zurzeit
zuviel	zu viel
jeder zweite	jeder Zweite

Literaturverzeichnis

Empfehlenswert ist das Studium zusätzlicher Literatur. In vielen Fällen erleichtert es das Verständnis, den gleichen Sachverhalt von einem anderen Autor mit anderen Worten erläutert zu bekommen. Zudem erweitert es den Horizont, andere Autoren zu lesen, weil jeder seine eigene Sicht der Dinge hat, andere Schwerpunkte setzt, andere Erklärungen und andere Begründungen liefert.

Altmann, Jörn: Von Konjunktur und Unkosten, in: Das Wirtschaftsstudium (Zeitschrift) 1991, S. 701-706

APA-Style: Electronic References, URL: http://www.apastyle.org/elecsource.html vom 2.3.2006

Bänsch, Axel: Wissenschaftliches Arbeiten – Seminar- und Diplomarbeiten, 6. Auflage, München/ Wien 1998

Becker, Fred: Zitat und Manuskript – Hinweise zur Anfertigung von wirtschaftswissenschaftlichen Arbeiten – Eine Arbeitshilfe für Studenten, Stuttgart 1994

Becker, Fred G.: Anleitung zum wissenschaftlichen Arbeiten – Wegweiser zur Anfertigung von Haus- und Diplomarbeiten, 2. Auflage, Bergisch Gladbach/Köln 1994

Behrens, Christian-Uwe: Fußnoten: Nur störendes Beiwerk?, in: Wirtschaftswissenschaftliches Studium (Zeitschrift) 1989, S. 95-96

British Standards Institution (Hrsg.): British Standard BS 5605 – Recommendations for citing and referencing published material, London 1990

Deininger, Marcus/Lichter, Horst/Ludewig, Jochen/Schneider, Kurt: Studien-Arbeiten – Ein Leitfaden zur Vorbereitung, Durchführung und Betreuung von Studien-, Diplom- und Doktorarbeiten am Beispiel Informatik, 3. Auflage, Stuttgart 1996

Deppe, Joachim: Die Technik des Gliederns wissenschaftlicher Arbeiten, in: Wirtschaftswissenschaftliches Studium (Zeitschrift) 1992, S. 201-206

Deutsches Institut für Normung e.V. (Hrsg.): Publikation und Dokumentation I – Gestaltung von Veröffentlichungen, Terminologische Grundsätze, Drucktechnik, Alterungsbeständigkeit von Datenträgern, 4. Auflage, Berlin 1996

Disterer, Georg: Studienarbeiten schreiben – Diplom-, Seminar- und Hausarbeiten in den Wirtschaftswissenschaften, 2. Auflage, Berlin/Heidelberg/New York 2003

Domisch, Kurt: Klausurtechnik im Steuerrecht – Gutachten und Entscheidungen, 6. Auflage, Herne/Berlin 1992

Ebster, Claus/Stalzer, Lieselotte: Wissenschaftliches Arbeiten für Wirtschafts- und Sozialwissenschaftler, 2. Auflage, Wien 2003

Eco, Umberto: Wie man eine wissenschaftliche Abschlußarbeit schreibt – Doktor-, Diplom- und Magisterarbeit in den Geistes- und Sozialwissenschaften, 9. Auflage, Heidelberg 2002

Fachhochschule Jena (Hrsg.): Selbstkontrolle in der Wissenschaft an der FH Jena – Richtlinien und Regeln, Beschluss des Senats der FH Jena vom 18. Juni 2002

Fern-Fachhochschule Hamburg, Prüfungsamt (Hrsg.): Hinweise zur Erstellung einer Diplomarbeit für Studierende, Hamburg 2001

Gabler/MLP Berufs- und Karriere-Planer 2000/2001: Wirtschaft, Wiesbaden 2000

Gerhards, Gerhard: Seminar-, Diplom- und Doktorarbeit - Empfehlungen und Muster zur Gestaltung von rechts- und wirtschaftswissenschaftlichen Prüfungsarbeiten, 8. Auflage, Bern/Stuttgart 1995

Homann, Karl/Boettcher, Erik: Das Anfertigen von wissenschaftlichen Arbeiten – Ein Leitfaden für Studenten der Wirtschaftswissenschaften, 6. Auflage, Herne/ Berlin 1992

Horschitz, Harald: Tips zum Anfertigen von Klausurarbeiten, 3. Auflage, Herne/Berlin 1996

Jacob, Rüdiger: Wissenschaftliches Arbeiten – Eine praxisorientierte Einführung für Studierende der Sozial- und Wirtschaftswissenschaften, Opladen/Wiesbaden 1997

Fachhochschule Jena - Fachbereich Betriebswirtschaft (Hrsg.): Studien- und Prüfungsordnung für den Studiengang Betriebswirtschaft an der Fachhochschule Jena mit dem Abschluss Diplom-Betriebswirt/-in (Fachhochschule) vom 21. Juni 1994

Jennemann, Karl: Richtiges Zitieren in der schriftlichen Arbeit - Methodische Hinweise und Erläuterungen anhand von Steuergesetzen, Finanzrechtsprechung und steuerlichem Schrifttum, in: Steuer und Studium (Zeitschrift) 1990, S. 323-326

Karmasin, Matthias/Ribing, Rainer: Die Gestaltung wissenschaftlicher Arbeiten, Stuttgart 2006

Koeder, K.W.: Studieren mit Methodik – Effektives Lesen, in: Steuer und Studium (Zeitschrift) 1991, S. 367-370

Kofner, Stefan: Diplomarbeit: Mit dem PC geht`s schneller, in: Das Wirtschaftsstudium (Zeitschrift), S. 18-19 und S. 88-90

Kosman, Lisa: Wie schreibe ich juristische Hausarbeiten – Leitfaden zum kleinen, großen und Seminarschein, 2. Auflage, Berlin 1997

Niederhauser, Jürg: Duden – Die schriftliche Arbeit – kurz gefasst: Eine Anleitung zum Schreiben von Arbeiten in Schule und Studium, 4. Auflage, Mannheim 2006

Peter, Karl/Säckel, Hansgeorg: Merkblatt für die Bearbeitung und Lösung schriftlicher Aufgaben, 4. Auflage, Herne/Berlin 1991

Peterßen, Wilhelm H.: Wissenschaftliche(s) Arbeiten – Eine Einführung für Schule und Studium, 6. Auflage, München 2001

Poenicke, Klaus: Wie verfaßt man wissenschaftliche Arbeiten? – Ein Leitfaden vom ersten Studiensemester bis zur Promotion, 2. Auflage, Mannheim/Wien/ Zürich 1988

Preißner, Andreas: Wissenschaftliches Arbeiten, 2. Auflage, München/Wien 1998

Reiners, Ludwig: Stilfibel – Der sichere Weg zum guten Deutsch, 29. Auflage, München 1998

Rossig, Wolfram E./Prätsch, Joachim: Wissenschaftliche Arbeiten – Ein Leitfaden für Haus-, Seminar-, Examens- und Diplomarbeiten sowie Präsentationen – einschließlich der Nutzung des Internets, 2. Auflage, Bremen 1998

Rückriem, Georg/Stary, Joachim/Franck, Norbert: Die Technik wissenschaftlichen Arbeitens – Eine praktische Anleitung, 10. Auflage, Paderborn u.a. 1997

Schenk, Hans-Otto: Die Examensarbeit – Ein Leitfaden für Wirtschafts- und Sozialwissenschaftler, Stuttgart 2005

Standop, Ewald/Meyer, Matthias L.G.: Die Form der wissenschaftlichen Arbeit, 16. Auflage, Heidelberg/ Wiesbaden 2002

Theisen, Manuel René: ABC des wissenschaftlichen Arbeitens – Erfolgreich in Schule, Studium und Beruf, 2. Auflage, München 1995

Theisen, Manuel René: Wissenschaftliches Arbeiten – Technik - Methodik - Form, 11. Auflage, München 2002

Thüringer Ministerium für Wissenschaft und Kunst: Studien- und Prüfungsordnungen der Thüringer Fachhochschulen, in: Amtsblatt des Thüringer Kultusministeriums und des Thüringer Ministeriums für Wissenschaft und Kunst, Nr. 8/ 1992, S. 408-413

University of Central England (Hrsg.): How to Write References, Hochschul-Manuskript, Birmingham 1997/98

Watzka, Klaus: Anfertigung und Präsentation von Seminar- und Diplomarbeiten, Büren 2004

Weber, Wolfgang: Einführung in das Studium der Betriebswirtschaftslehre – Ein Leitfaden für Studienplanung und Organisation des wissenschaftlichen Arbeitens, 2. Auflage, Stuttgart 1995

Wiedemann, Fritz: Geistig mehr leisten – Wege erfolgreicher Denkarbeit für Vielbeschäftigte, 9. Auflage, Stuttgart 1968

Es gibt auf dem Markt einige sehr gute, zum Teil brillante Bücher zu diesem Thema. Sie sind didaktisch ausgefeilt und hervorragend geeignet, diese Lektüre zu unterstützen und zu ergänzen. Die kursiv abgedruckte Literatur stellt eine *Empfehlung* dar, da hier nicht alle Aspekte und Detailfragen, die beim Anfertigen von Praktikums-, Seminar-, Bachelor-, Master- und Diplomarbeiten sicherlich noch auftreten werden, abschließend angesprochen werden konnten.

Für klärende und ergänzende Auskünfte und Informationen über Sonderregelungen, spezielle Anforderungen und Erwartungen der einzelnen Prüfer stehen sicherlich auch uneingeschränkt das Prüfungsamt der Hochschule und die Prüfer selbst zur Verfügung.

Stichwortverzeichnis

A

Abbildungen 54 ff.
Abbildungsverzeichnis 22 f.
Abkürzungsverzeichnis 23 ff.
Absätze 4
Abstract 27 ff.
Alliteration 15
Alpha – nummerisches Gliederungs-
    system 19
Anhang 79 f.
Aufbau der Arbeit 42
Aufzählungen 65 ff.
Ausführungsteil 32 ff.
Ausrichtung 4

B

Begriffsabgrenzungen 39 f.
Begriffsbildung 40 f.
Begriffsneuschöpfung 40 f.
Benotung der Arbeit 104 ff.
Beschriftung 4
Bestandteile von wissenschaftlichen
    Arbeiten 8 ff.
Bewertung der Arbeit 103 ff.

D

Datenbanken 90 ff.
Definitionen 39 f.
Dezimales, abgestuftes Gliederungs-
    system 18 f.

E

Ehrenwörtliche Erklärung 91 f.
Eidesstattliche Versicherung 91 f.
Exkurs 42

F

Formale Regeln 48 ff.
Fußnoten 60 ff.

G

Gang der Untersuchung 42
Gliederung 13 ff.
Gliederungsentwurf 34 f.
Gliederungstiefe 17

I

Inhalt der Arbeit 32
Inhaltliche Abgrenzungen 41
Inhaltlich-materielle Regeln 42 ff.
Inhaltsverzeichnis 13 ff.
Internet 75 f., 88 f., 98 ff.

K

Kurzbeleg 62 ff.

L

Literaturverzeichnis 80 ff.

M

Materialsammlung 95 ff.
Mindmap 34

P

Paginierung 4 f.
Problemstellung 27 f., 38 f.
Proportionen der Gliederung 16 f.
Pseudo-Überschriften 20 f.
Publizitätssperre 92 f.

Q

Quellenverzeichnis 85 ff.

R

Ratschläge zur Materialsammlung 95 ff.
Ratschläge zur Themenwahl 93 ff.

Ratschläge zur Zeiteinteilung 101 ff.
Rechtschreibung 107 ff.
Rechtsquellenverzeichnis 86 ff.

S

Satzspiegel 4
Schreibtechnische Anforderungen 3 ff.
Schrift 5
Seitenumbruch 5
Stimulanzien 54
Symbolverzeichnis 27

T

Tabellen 54 ff.
Tabellenverzeichnis 22 f.
Terminologische Abgrenzungen 39 ff.
Textteil 32 ff.
Themenanalyse 33 ff.
Themenstellung 33 ff.
Themenwahl 93 ff.
Titelblatt 8 ff.

U

Urteilsverzeichnis 86 ff.
Umfang der Arbeit 6
Untergliederungen 17 f.

V

Vollbeleg 62, 81 ff.

Z

Zeilenabstand 4
Zeiteinteilung 101 ff.
Zeitschriftenverzeichnis 26
Zitate 70 ff.

Wirtschaftswissenschaftliche   Fachbibliothek

Fachbibliothek Verlag

Wir drucken und veröffentlichen für Sie

- betriebswirtschaftliche, volkswirtschaftliche, juristische und sozialwissenschaftliche Lehr- und Fachbücher;
- Dissertationen und Habilitationen mit und ohne Druckkostenzuschuss;
- Manuskripte für Universitäten, Fachhochschulen und Akademien.

Die PR-Maßnahmen und die Werbeintensität können individuell mit dem Verlag abgestimmt und auf die Wünsche des Autors ausgerichtet werden.

Lassen Sie sich von uns ein unverbindliches Angebot machen!

Fachbibliothek Verlag

Silbeker Weg 33, D-33142 Büren, Tel.: 02951/93048, Fax: 02951/93047, E-Mail: verlag@fachbibliothek.de

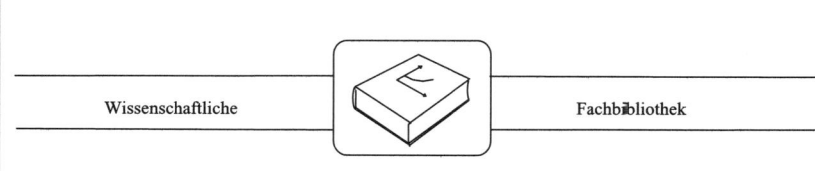
Anleitung zur Anfertigung von Praktikums-, Seminar- und Diplomarbeiten sowie Bachelor- und Masterarbeiten

Von Prof. Dr. Guido A. Scheld

2008, 136 Seiten, 15*21 cm, kartoniert, Euro 10,90

ISBN 978-3-932647-45-1, 7. Auflage

In diesem Buch werden die für ein erfolgreiches Studium unerlässlichen Kenntnisse über das Anfertigen von wissenschaftlichen Arbeiten vermittelt. Hauptanliegen des Heftes ist es, eine *schnelle Hilfe* zum Erlernen der Technik des wissenschaftlichen Arbeitens anzubieten und den *Einstieg zu erleichtern*. Die Betonung liegt dabei auf "schnell" und "Einstieg". Es wurde bewusst vermieden, das Heft zu einem umfangreichen Buch auszubauen. Nicht vernachlässigt wurden Beispiele, die gerade für den Einsteiger eine besonders wichtige Rolle spielen.

Fachbibliothek Verlag

Silbeker Weg 33, D-33142 Büren, Tel.: 02951/93048, Fax: 02951/93047

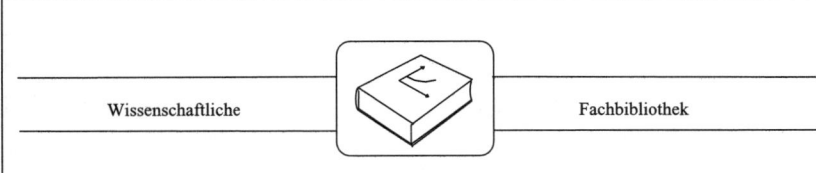

Wissenschaftliche   Fachbibliothek

Anfertigung und Präsentation von Seminar-, Bachelor-, Diplom- und Masterarbeiten

Von Prof. Dr. Klaus Watzka

Buchversion 2007, 88 S., 15*21 cm, kart., Euro 8,90, ISBN 978-3-932647-42-0, 3. Aufl.

CD-Version 2007, Word-Dokument, Euro 99,00, ISBN 978-3-932647-43-7, 3. Aufl.

Spätestens im Hauptstudium wird von jedem Studierenden die Abfassung einer wissenschaftlichen Arbeit gefordert. Mangels Vorerfahrungen betreten viele dabei Neuland. Entsprechend groß ist daher die Unsicherheit über die gestellten Anforderungen und die wichtigsten Gestaltungsprinzipien. Das vorliegende Buch bietet eine kompakte Hilfestellung, indem es

- die Qualitätsmerkmale wissenschaftlicher Arbeiten klar benennt,
- die häufigsten Zweifelsfragen und Fehlerquellen aufgreift und
- pragmatische Hinweise zum methodischen Vorgehen gibt.

Eine gute Arbeit muss auch gut präsentiert werden. Übersichtlich und kompakt werden daher Empfehlungen für eine gelungene Präsentation geboten.

Als besonderer Service für Lehrende an Hochschulen ist der Text ebenfalls als CD-Version erhältlich. Der Erwerb beinhaltet neben den Vervielfältigungsrechten auch Veränderungsrechte für die Zwecke des eigenen Lehrbetriebs. So sind Erweiterungen und Anpassungen an persönliche Vorstellungen auf einfachem Weg möglich.

Fachbibliothek Verlag

Silbeker Weg 33, D-33142 Büren, Tel.: 02951/93048, Fax: 02951/93047

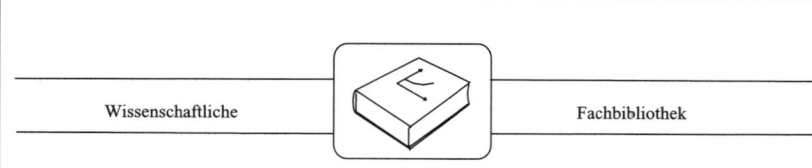

Wissenschaftliche   Fachbibliothek

Lifelong Learning in the Information Age

Von Prof. Dr. Wolfgang F. Finke

2000, 325 Seiten, 15*21 cm, kartoniert, Euro 44,80, ISBN 3-932647-10-6

While the implications of the Information Age have been discussed for a number of years, the focus is now shifting to higher education and concepts for lifelong learning. The educational services needed by lifelong learners are different from traditional educational offerings: Focus is on individual learning needs and competencies to perform in complex real-life situations. While classroom instruction is still the prevalent educational concept in most of the institutions offering services to lifelong learners, there is a fast growing interest in net-based learning and teaching, and new organizational and pedagogic concepts for net-learning are required. An analysis of research in the fields of human learning and instruction leads to concepts that are used to outline a co-constructivist approach to net-pedagogy. In addition, organizational requirements for the implementation of net-based learning systems, supporting operational functions, subsystems, and roles are outlined using business process design methods and tools. Finally, IS support requirements for net-based learning are analyzed and a case study is used to demonstrate the prototype implementation of a groupware-based co-constructivist learning environment.

Fachbibliothek Verlag

Silbeker Weg 33, D-33142 Büren, Tel.: 02951/93048, Fax: 02951/93047

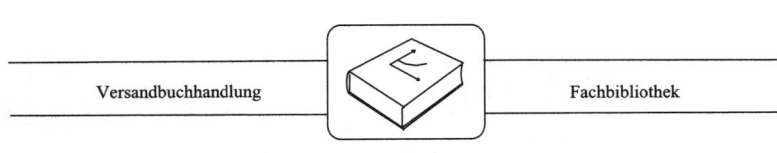

Versandbuchhandlung   Fachbibliothek

Bücher-Bestellservice

Haben Sie einen Bücherwünsch? Dann sind Sie bei uns genau richtig!

Wir sind eine moderne Versandbuchhandlung und liefern Bücher aller Art und von allen Verlagen. Unsere betriebs- und volkswirtschaftliche Bücher-datenbank **www.fachbibliothek.de** gehört zu den größten Europas. Ein besonderer Service ist die direkte **Buchbestellung** per **Internet** (www.fachbibliothek.de), per **E-Mail** (buchhandlung@fachbibliothek.de) oder per **Fax** (02951/93047). Aber auch die traditionellen Wege per **Post** (D-33142 Büren, Silbeker Weg 33) oder per **Telefon** (02951/93048) sind selbst-verständlich möglich. Die **Lieferung erfolgt** ab einem Bestellwert von 20 EUR **versandkostenfrei!**

Versandbuchhandlung fachbibliothek.de

www.fachbibliothek.de, Tel.: 02951/93048, Fax: 02951/93047

AMJ-Wissenschafts-Schreiber 1996 (1. Platz)

Die Erfindung des Fahrrads oder

Wie entsteht eine wissenschaftliche Veröffentlichung?

Punkt acht stand ich vor meinem Schreibtisch in der Universität. Es gab nicht nur zu wenig Angestellte in den Werkstätten, es schien auch kaum Heinzelmännchen zu geben: Mein Tisch war immer noch so unaufgeräumt, wie ich ihn am Abend verlassen hatte. Nur ein kleiner weißer Zettel war hinzugekommen: „Bitte beim Chef melden!", stand darauf.

Langsam, immer noch über den Zettel grübelnd, ging ich durch den Flur, der resoluten Putzfrau ausweichend, vor zum Professor. Ich öffnete die Tür zum Sekretariat, grüßte die Sekretärin und ging an ihr vorbei zum Chef, der, gebeugt über Unmengen von Papier und Aktenordnern, in seinem winzigen Zimmer saß.

„Du weißt ja, daß wir diese Tagung mit vorbereiten", begann der Professor nach der Begrüßung. Mit einem Male schwante mir überhaupt nichts Gutes. „Und ich habe mir gedacht, daß du dort mit einem Poster auftrittst." Ich schluckte. „Und außerdem", setzte der Chef hinzu, „mußt du nur noch bis Ende der Woche ein sechsseitiges Paper schreiben, aber das dürfte ja bei den vorhandenen Ergebnissen keine Schwierigkeiten bereiten."

gesagt, es ist ein Gedankenexperiment; das bedeutet, daß wir so tun müssen, als gäbe es das Fahrrad noch nicht, und ein hochmotiviertes Forschungsteam, zu dem wir uns jetzt zählen dürfen, arbeitet an der Erfindung dieses hochtechnischen und dringend benötigten Fortbewegungsmittels.

Am Beginn eines Papers steht immer ein Abstract, eine Kurz-Zusammenfassung, durch die es den Kollegen in aller Welt ermöglicht wird, das Paper lediglich durch das Lesen des Abstracts als interessant oder sinnlos einstufen zu können. Schritt eins besteht im Finden einer Überschrift. Das klingt einfach, erfordert aber eine enorm ausgeprägte Phantasie. Sie werden sicher sagen, nennen wir das Paper einfach „Die Erfindung des Fahrrads". Das aber ist unmöglich. Denn leider sind die meisten denkbaren Überschriften bereits vergeben worden, für die letzten vier Tagungen der letzten drei Monate und die entsprechenden Paper. Aber vielleicht könnte man zwei Titel miteinander zu einem neuen verbinden? Besser wäre da vielleicht: „Entwicklung eines modernen Fortbewegungssystems" oder „Das Rad als Grundlage eines Apparates zur

Warum, fragen Sie? Andere Forscher, die beispielsweise auch das Fahrrad erfinden wollen, könnten durch unsere Erfolge oder Mißerfolge auf technische Möglichkeiten oder Unmöglichkeiten schließen. Schließlich will jeder bei der Erfindung des Fahrrads der erste sein, wir auch. Das Problem ist aber, daß durch diese Geheimniskrämerei eher alle zusammen zweite oder dritte sind.

Wir könnten über unsere Erfindung schreiben: „Wir haben ein Gerät gebaut, bestehend aus einem Metallrahmen, in dem zwei Räder befestigt sind, wobei das hintere durch einen Kettenantrieb angetrieben wird, und haben es Fahrrad genannt." Das kann man so schreiben. Aber so darf man es auf keinen Fall schreiben!

Unpoetisch und verräterisch

Denn zum einen ist das ziemlich unpoetisch, und zum anderen hätten wir damit alles verraten. Deshalb kann es nur so lauten: „Das Ziel unserer Untersuchungen besteht darin, ein System zu entwickeln, mit dessen Hilfe es möglich sein soll, sich schneller fortzubewegen als zu Fuß. Verschiedene Varianten mit ein und mehr Rä-

den eigentlichen Text machen. Auf keinen Fall darf jetzt der Stil gewechselt werden.

Äußerst wichtig in einer solchen bahnbrechenden wissenschaftlichen Arbeit sind natürlich auch die Abbildungen. Dafür gibt es nur drei Möglichkeiten: Messungen, Messungen und Messungen. Man kann zeigen, wie weit man mit einem Fahrrad fahren kann in Abhängigkeit der Räderzahl, der Windrichtung, des Anstiegwinkels und der Zahl der getrunkenen Biere. Damit gibt es also Möglichkeiten ohne Ende. Irgendwo auf der Festplatte meines Computers müßten diese Messungen doch sein. Aber wo? Hatte nicht irgendjemand letzte Woche irgendein Update irgendeines Malprogrammes installiert? Die Messungen waren verschwunden.

Und während der Professor sich das Manuskript vornimmt, das man nach einigen Stunden ziemlich rot und lädiert zurückbekommt, kann ich mich auf die Suche nach meinen entführten oder zerstückelten Dateien machen. Leider sind nicht alle wiederauffindbar, also muß ich mich zähneknirschend vor meinen Rechner setzen und alles neu machen. Das alles kostet Zeit und Kraft, aber irgendwie ist es machbar.

Nachdem wir den ersten Tag in unserem hochmotivierten Teamwork zum Zusammentragen von Text und Bildern genutzt haben, ist der nächste Tag politischer Natur. Erst einmal müssen alle Änderungen des Profes-

Poster, Paper?? Ich schlich zurück an meinen Schreibtisch. Und jetzt? Ich schaute mir erst einmal das Faltblatt genau an. Drei Tage im August (bei bestimmt brennender Sonne) auf einer Tagung, irgendwo im tiefsten Osteuropa! Horror vom Feinsten! Selbst Stephen King hätte auf diese Idee stolz sein können.

Panik bemächtigte sich meiner Person. Was war zu tun? Wie sollte ich das überleben? Und, um noch einen Hammerschlag darauf zu setzen, war bis übermorgen die zugehörige Paper fällig. Es half alles nichts, es mußte getan werden, ohne nach dem „Warum" zu fragen!

Zuerst mußte der entsprechende Aktenordner her. Mein Blick schweifte über das Regal: Literatur, Messungen, noch mal Literatur, Projektunterlagen 1995 und daneben der etwas dünnere Ordner für 1996, und dann kam er endlich, der (dünnste) Ordner mit den eigenen Veröffentlichungen. Sie kennen die Prozedur des „Paper-Schreibens" sicherlich nicht? Leider ist es aber auch nicht leicht zu erklären. Nehmen wir am besten ein Beispiel zum Vorführen, unter den Naturwissenschaftlern nennt man das dann Gedankenexperiment Und damit ich Ihnen das so einfach wie möglich erklären kann, arbeiten wir jetzt in einem Forschungsprojekt und erfinden das Fahrrad.

Das gibt es aber schon, höre ich Sie sagen. Das weiß ich auch! Aber, wie

schnellen Bewegung" oder „Möglichkeiten einer Bewegungsanlage mit ein oder mehr Rädern".

Der eigentliche Abstract selbst erfordert allerdings eine größere Anstrengung als das Finden der Überschrift. Denn man muß hier schon alles schreiben, was so geforscht, gebastelt und gemessen wurde. Aber, alles muß so formuliert werden, daß für den Leser kaum konkrete oder verwertbare Informationen zum Nachmachen enthalten sind. Insgesamt muß das dann ausgesprochen optimistisch und zukunftsweisend klingen.

dern wurden dazu bezüglich des Einsatzes in solch einem System getestet. Unterschiedliche Möglichkeiten des Antriebes dieses Systems wurden erprobt."

Haben Sie das verstanden? Wüßten Sie jetzt, daß wir ein Fahrrad erfinden wollen? Wahrscheinlich nicht! Denn schließlich muß man es so formulieren, daß es sich genausogut um die Erfindung von Auto, Dreirad, Schubkarre oder der ABC-Klasse von Mercedes-Benz handeln könnte. Damit hätten wir erst einmal einen großen Schritt nach vorn gemacht. Nun muß man sich Gedanken über

Gedankenexperiment: Wir erfinden das Fahrrad oder Möglichkeiten einer Bewegungsanlage mit ein oder mehr Rädern.　　Foto: Günther

sors eingearbeitet werden, schon allein aus dem Grund, um das ständige Pendeln des Papers zwischen Professor und mir zu verhindern. Dann müssen selbstverständlich noch alle lieben und berühmten Kollegen mit einem Zitat gewürdigt werden, um hier zu verhindern, daß diese dann mit meinem Professor auf der nächsten Tagung nicht mehr reden wollen: Referenz um Referenz. Zitierst du mich, zitiere ich dich! Und nach langem schweren Kampf mit Dateiformaten, Formatierungsvorschriften, defekten Disketten, Kaffeemaschinen und schweren Lidern haben wir nach drei langen Tagen das Ergebnis vor uns liegen: sechs Seiten Text mit einigen wirklich schönen Bildern. Ich bin selbst beeindruckt von den ausgeteilten Formulierungen, die alles sagen, aber nicht das geringste verraten. Erschöpft, aber zufrieden räume ich meinen Schreibtisch auf, erfreue mich am seltenen Zustand eines leeren, übersichtlichen Platzes. Dann kann ich in fröhlicher Stimmung das Zimmer abschließen, aufatmend die Treppe heruntarlaufen, auf meinen Metallrahmen steigen, der sich mit Hilfe zweier Räder und eines Kettenantriebs fortbewegen läßt, und nach Hause radeln.

Nun wissen Sie es. So also entsteht eine wissenschaftliche Veröffentlichung!

Steffen Brabetz,
Institut für Festkörperphysik

Quelle: ALMA MATER JENENSIS (Universitätszeitung Jena), Nr.6 Jg.8 vom 17.12.1996, S.3